Que o Senhor de Glória seu bálsamo e que você sare logo em nome de Jesus Cristo

Beijos de alegria para mulheres

Carol Kent e Thelma Wells

Beijos de alegria para mulheres

Tradução
Maria Emília de Oliveira

Vida
de mulher

Título original
Kisses of Sunshine™ for Women
edição publicada por
Zondervan Publishing House
(Grand Rapids, Michigan, EUA)

■

Todas as citações bíblicas foram extraídas da
Nova Versão Internacional (NVI),
©2001, publicada por Editora Vida,
salvo indicação em contrário.

Editora Vida
Rua Júlio de Castilhos, 280 Belenzinho
CEP 03059-000 São Paulo, SP
Tel.: 0 xx 11 6618 7000
Fax: 0 xx 11 6618 7050
www.editoravida.com.br
www.vidaacademica.net

■

Coordenação editorial: Solange Monaco
Edição: Vera Salles
Revisão: Polyana Lima
Diagramação: Set-up Time
Capa: Amandis Design

Dados Internacionais de Catalogação na Publicação (CIP)
(Câmara Brasileira do Livro, SP, Brasil)

Kent, Carol
Beijos de alegria para mulheres / Carol Kent e Thelma Wells ; tradução Maria Emília de Oliveira. — São Paulo : Editora Vida, 2006.

Título original: *Kisses of Sunshine for Women*
Bibliografia.
ISBN 85-7367-966-2

1. Mulheres - Livros de oração e devoções 2. Mulheres - Vida religiosa I. Wells, Thelma. II. Título.

06-5549 CDD-242.643

Índices para catálogo sistemático:

1. Livros devocionais : Mulheres : Cristianismo 242.643
2. Mulheres : Livros devocionais : Cristianismo 242.643

A minhas netas e bisneta:
Vanessa C. Wells
Alaya L. Cohen
Alyssa E. Wells
Bryna A. Cohen
Auriana M. Cox

THELMA WELLS

Às mulheres que exerceram influência positiva em minha vida:
Anne Denmark
Cathy Gallagher
Janet Fleck
Ginger Shaw
Kathe Wunnenberg

CAROL KENT

SUMÁRIO

Introdução

Os cinco livros da série *Beijos de alegria* — para mulheres, mães, irmãs, avós e professoras — apresentam histórias autênticas, estimulantes e quase sempre engraçadas, cuja finalidade é levar um raio de luz e alegria a sua vida e lembrá-la de que Deus a ama. Thelma Wells, escritora e querida palestrante do ministério Women of Faith [Mulheres de fé], ajudou-me a organizar as histórias deste livro. Nossa intenção é simplesmente permitir que o meigo amor de Deus preencha sua vida, para que você se torne uma mulher entusiasmada, alegre e capaz de transmitir amor a todos a seu redor.

É muito reconfortante ler histórias de mulheres que nos permitem rir de suas estripulias, entender suas decisões erradas, compartilhar o sofrimento de cada uma, comemorar seu sucesso e conhecer as verdades da Palavra de Deus. Este livro destina-se a mulheres de todas as idades que estejam interessadas em crescer tanto na vida pessoal como espiritual.

As histórias de Thelma ensinam-nos a reconhecer nosso valor perante Deus e a entender que ele apaga todos os sentimentos de vergonha e culpa que arrastamos ao longo do caminho. Ela diz que é maravilhoso saber que não temos de "carregar uma culpa silenciosa e secreta ao longo da vida toda. O que aconteceu antes já passou e deve ser esquecido. Faz parte do passado. Coloque sua culpa e vergonha dentro de uma caixa, feche-a com uma fita adesiva resistente e coloque-a no lugar a que ela pertence, no lixo, porque Jesus deseja aliviá-la desse fardo".

Algumas destas histórias provocarão gargalhadas; outras, lágrimas. Thelma e eu oramos para que este livro alimente sua alma, renove sua fé e esperança e lhe dê uma vida com propósito. Somos gratas à equipe editorial da Zondervan pela oportunidade de trabalhar neste projeto tão agradável. Um agradecimento especial a Sandra Vander Zicht, nossa editora responsável e líder de grande visão, que nos orientou com carinho enquanto escrevíamos o livro.

Quero também agradecer às mulheres extraordinárias que permitiram a publicação de suas histórias neste livro. Vocês me transmitiram inspiração, motivação e ânimo, mas, acima de tudo, lembraram-me de que meu objetivo na vida não é alcançar a perfeição. A sinceridade de vocês ajudará cada leitora a ser "verdadeiramente importante" em seu relacionamento com outras pessoas.

Boa leitura!

CAROL KENT, ORGANIZADORA

Ele sabe meu nome

Thelma Wells

O princípio da sabedoria é chamar todas as coisas pelo nome certo.

PROVÉRBIO CHINÊS

Quando nasci, minha mãe tinha 17 anos de idade e era praticamente uma criança. Além de muito jovem, era solteira e aleijada. No quarto dos fundos da casa de meus avós em Dallas, no Texas, ela rabiscou estas palavras em minha certidão de nascimento: "Menina Morris". No entanto, passou a chamar-me de "Thelma", nome da parteira que me ajudou a nascer. Posteriormente, adotei o sobrenome "Smith", de meu pai biológico.

O problema sério só surgiu quando precisei de um passaporte para viajar ao Panamá e meu único documento era uma certidão de nascimento onde constava "Menina Morris". Tive de gastar 175 dólares num processo judicial para regularizar o nome que uso até hoje.

Poucas mulheres podem dizer: "Fui uma menina sem nome", mas vejo todos os dias moças e senhoras que não têm idéia de quem realmente são. Um dos grandes privilégios de minha vida é poder dizer (e escrever um livro com este título): *Girl, Have I Got Good News for You!* [Menina, tenho boas notícias para você!].

Quando falo às mulheres sobre o amor de Deus, um dos aspectos que mais me agradam é poder ajudá-las a readquirir a autoestima. Fico muito feliz por ser capaz de "atuar como parteira" e fazê-las compreender que Deus apaga toda a vergonha e culpa que arrastam ao longo do caminho. Eu lhes digo: "Vocês não precisam carregar uma culpa silenciosa e secreta ao longo da vida toda. O que aconteceu antes já passou e deve ser esquecido. Faz parte do passado. Coloque sua culpa e vergonha dentro de uma caixa, feche-a com uma fita adesiva resistente e coloque-a no lugar a que ela pertence, no lixo, porque Jesus deseja aliviá-la desse fardo".

Depois de dar a boa notícia, digo que, a partir daquele momento, elas passam a ter um nome novo. Aos olhos do Pai, deixam de ser uma pessoa anônima, uma "menina qualquer". Ele as chama por um nome santo. Elas são abençoadas, redimidas e preciosas. Fazem parte de seu rebanho, são filhas do Rei, noiva dele.

Paguei 175 dólares por um documento no qual consta que meu nome é Thelma Wells.

Jesus pagou com sua vida, na cruz, para dar-me um nome novo, escrito no livro da vida. Hoje tenho a felicidade de ser legalmente conhecida no mundo inteiro pelo nome de "Thelma", mas sei que minha verdadeira identidade, meu nome no céu, é "filha de Deus, amada e perdoada".

. . . .

"Não tema, pois eu o resgatei; eu o chamei pelo nome; você é meu."

Isaías 43.1

Uma surpresa no armário

Shari Minke

. . . .

Tudo o que atiramos na vida de outras pessoas volta para a nossa.

Revista *Reminisce*

Ufa! Eu estava tentando empurrar, sem sucesso, os cabides do armário de meu quarto. Passei os dedos por trás do varão de metal e apalpei algo que os impedia de correr normalmente. Puxei com força: eram duas notas amassadas de dez dólares! Imediatamente comecei a procurar outras "notas". Ah! Encontrei mais uma, depois outra, e mais outra! Eu gargalhava enquanto atirava o dinheiro no chão. Abaixei-me, alisei as notas e contei o dinheiro.

Corri até o telefone e liguei para meu marido.

— Você não vai acreditar no que aconteceu! Encontrei 800 dólares em nosso armário.

Tom ficou tão perplexo quanto eu.

— O que vamos fazer com este dinheiro? — perguntei.

Tom deu uma risadinha. — Ligue para seu pai. Ele é um homem sábio, mas, antes disso, você deve vasculhar *todos* os armários!

Não encontrei mais nada e liguei para meu pai. Seu conselho foi este: "De acordo com a lei, quando compramos uma casa, tudo o que está dentro passa a nos pertencer. Assim sendo, legalmente, o dinheiro é seu. No entanto, você precisa perguntar a si mesma: 'Qual é a atitude *ética* a ser tomada?'. Pergunte a Deus. Ele lhe mostrará o que fazer com o dinheiro".

Havíamos adquirido a casa sete anos antes, de um homem chamado Fred. Ficamos sabendo que Fred a construíra para sua mulher. Era a "casa dos sonhos" do casal. Apenas dois anos depois que eles passaram a morar na casa, a mulher de Fred morreu de câncer. Ele deixou a casa vazia por dois anos. Não suportava a idéia de vendê-la.

No período de sete anos em que moramos na casa, Fred faleceu. Judy, sua filha, residia em nosso bairro. Confusa, eu não sabia se o dinheiro deveria ser realmente devolvido a ela.

Orei a Deus com toda a sinceridade: "Eu quero ficar com este dinheiro. Tu sabes que ele nos ajudaria a pagar o acabamento do porão, mas o que desejas que eu faça com ele? Mostra-me, por favor".

Alguns dias depois, enquanto lia a Bíblia, as palavras da página aberta pareciam brilhar como luzes fosforescentes. "Conservem-se livres do amor ao dinheiro e *contentem-se com o que vocês têm*" (Hb 13.5; grifos da autora).

Recebi a resposta naquele momento. Deus também gravou em meu coração esta mensagem:

Espere. Eu lhe direi quando deve entregar o dinheiro a Judy.

No domingo seguinte, tive a sensação de ser atingida por um raio. Deus falou direto a meu coração: *Vá! Agora!*. Levantei-me apressadamente do sofá, coloquei o dinheiro no bolso e disse a Tom:

— Vou à casa de Judy!

Quando Judy abriu a porta, percebi que havia chorado. Perguntei se poderia entrar, e ela consentiu educadamente.

— Judy, duas semanas atrás, enquanto estava organizando as roupas de meu armário, encontrei algumas notas escondidas embaixo do varão de metal.

Ela abaixou a cabeça e sorriu. — Pertenciam a minha mãe.

Tirei o maço de notas do bolso e disse: — O dinheiro pertence a você.

Judy ficou perplexa no momento em que coloquei o maço em suas mãos. Gaguejando, como se tivesse acabado de levar um susto, ela meneou a cabeça.

— Ah, não, espere, você encontrou o dinheiro. É seu.

— Não, Judy, o dinheiro é *seu* — eu disse com firmeza.

Lágrimas correram por seu rosto. — Estou sozinha em casa. Não é comum meu marido e meus filhos saírem ao mesmo tempo. Pouco antes de você chegar, senti uma saudade tão grande de minha mãe que entrei no quarto e tirei a fotografia dela da parede. Enquanto segurava a foto, disse em voz alta a Deus: "Por favor, só preciso saber se ela está bem". Em seguida, você chegou.

Naquele instante, nós duas estávamos chorando!

Fazia sete anos que eu mudava as roupas de lugar no armário a cada estação. Aquelas notas nunca me atrapalharam. Era difícil imaginar que Deus sabia que Judy sentiria tantas saudades de sua mãe a ponto de suplicar-lhe que a consolasse. Deus estava presente, pronto para responder ao chamado dela.

Duas semanas depois, Judy e seu marido apareceram em nossa casa. Sorrindo, Judy entregou-me um envelope, dizendo:

— Achamos que você deve ficar com metade do dinheiro. Não precisava nos contar que o havia encontrado. Queremos repartir o presente!

Agradecidos, aceitamos o dinheiro e, com a ajuda dele, reformamos a "casa dos sonhos" dos pais de Judy.

Assim, em tudo, façam aos outros o que vocês querem que eles lhes façam.

Mateus 7.12

As chaves perdidas

Jennie Afman Dimkoff

. . . .

Sempre [...] estabeleça um valor alto para um ato espontâneo de bondade.

Samuel Johnson

— Bernie, você faria o favor de pegar mais mercadorias na van? — perguntei, entregando-lhe as chaves. — Nosso estoque está baixo, e haverá uma multidão aqui depois do desfile.

Fazia quinze anos que eu era proprietária de um pequeno negócio de peças de arte, e um dos aspectos mais agradáveis do trabalho era exibir nossos produtos a um público seleto em várias feiras de arte e artesanato durante o verão. Um de meus eventos favoritos era o Festival da Guarda Costeira, realizado anualmente em Grand Haven, em Michigan. Com milhares de pessoas afluindo à bela cidade portuária, a agitação era tanta que eu sempre precisava contratar funcionários extras. Para aquela feira em particular, contratei Bernadine a fim de ajudar-me a cuidar da barraca. Ela era uma de minhas melhores amigas e muito divertida.

— Vou tomar conta das mercadorias aqui enquanto você estiver ausente, mas seja rápida, está bem? — complementei, sentindo uma ponta de preocupação ao pensar que teria de atender a uma fila de clientes, sem a ajuda de uma assistente.

Bernie estava demorando *muito*. Quando aquela minha amiga sempre alegre e adoravelmente bem-humorada voltou, parecia abatida. Deixando as chaves ao lado de minha maleta, começou a colocar as mercadorias nas mesas, sem dizer nada.

Perplexa diante do comportamento incomum de minha amiga, passei a observá-la e notei uma mancha azul-escura na beira de sua manga direita, dobrada acima do cotovelo.

— Bernie, o que houve com sua blusa?

Um ar de aflição surgiu em seu rosto e, sacudindo a referida manga, ela irrompeu em lágrimas, atropelando as palavras.

– Ah, Jennie, foi horrível! No caminho até a van, passei por uma fila de sanitários públicos e resolvi usar um deles naquele instante em vez de fazer isso depois de ter trazido as mercadorias para cá.

Confusa diante da aflição de minha amiga, concordei com um movimento de cabeça, enquanto ela, completamente agitada, continuava sua história.

— No momento em que estava prestes a sair do cubículo, ouvi algo *horrível*. Era o som de suas chaves batendo no assento do vaso sanitário! Continuei ali por alguns instantes, sem saber o que fazer. Em seguida, abri a porta para dizer às pessoas da fila que elas *não podiam* entrar, porque minhas chaves haviam caído no buraco e eu precisava recuperá-las!

Ela prosseguiu, quase sem fôlego. — Um senhor bondoso que estava na fila foi até o carro dele e voltou com um cabide na mão. Comecei a tentar pescar as chaves!

Meus pensamentos voavam enquanto eu assimilava as palavras de minha amiga.

— Finalmente — ela prosseguiu, ansiosa —, em total desespero, prendi a respiração, fechei os olhos, abaixei-me e peguei as chaves! Depois corri até um posto de gasolina onde, felizmente, havia água quente e sabonete! Esfreguei as mãos e o braço até arranhar a pele. Jennie, juro que deixei suas chaves sob água fervente por, pelo menos, dez minutos!

Enquanto eu olhava horrorizada para minha amiga, dois aspectos tornaram-se evidentes. Primeiro, seu ato de sacrifício por mim naquele dia foi muito *maior* do que eu poderia retribuir. Segundo, achei melhor *não* dizer a ela que tinha outro jogo de chaves na bolsa.

Posteriormente, após o término do desfile da Guarda Costeira, vários políticos participantes do evento circularam pela feira de arte para encontrar e saudar possíveis eleitores. O governador de Michigan parou em nossa barraca e cumprimentou-nos calorosamente. Depois que ele partiu, Bernie virou-se para mim com seu primeiro sorriso verdadeiro da tarde.

— Bem — ela disse, com ar de riso enquanto olhava para a mão direita —, achei melhor *não* contar ao governador onde esta mão que ele apertou esteve um pouco antes.

Quando penso naquele dia, sinto uma alegria muito grande por ter uma amiga que não mediu esforços para me ajudar. Como foi possível ela ter feito o que fez? Lembro-me, então, de Jesus Cristo, o mais precioso de todos os amigos, que se dispôs a realizar o mais extremo ato de amizade por mim. Ele sofreu humilhação, desprezo e dor, entregando sua vida para salvar a minha.

. . . .

Ninguém tem maior amor do que aquele que dá a sua vida pelos seus amigos.

João 15.13

O TRAJE AZUL DE PASTOR

Edna Ellison

As orações do ser humano são modestas.
Deus é capaz de fazer mais do que pedimos.

JENNIFER KENNEDY DEAN

Na manhã de um domingo na década de 60, depois de preparar e servir o café da manhã, entornei a vasilha de leite na geladeira. Enxuguei seu interior e, enquanto limpava os respingos de leite no chão, Jack, nosso filho adolescente, pediu-me que alisasse, com ferro quente, uma dobra em sua roupa. Para acelerar o processo, montei a tábua de passar, alisei a dobra com o ferro a vapor e refiz os vincos da calça o mais rápido possível. Na hora de sair, corri até a porta e apressei Jack, Patsy, sua irmã de 13 anos, e o pai deles, pedindo que entrassem rápido no carro.

Sabendo que o estudo bíblico daquela manhã seria longo, dei aula para meus alunos da escola dominical a uma velocidade de 150 quilômetros por hora, chegando a atingir 160! Depois disso, tentei não acossar um visitante que atravancava a porta. Tirei o casaco enquanto seguia em disparada pelo corredor e, ao chegar à sala do coral, vesti minha beca, entrando no templo em companhia dos outros integrantes do coral. Alguns deles — bons amigos — fizeram uma brincadeira, em voz baixa, sobre trocar de roupa e "despi-la" na frente dos outros. Ri e em seguida cantei com todas as forças de meus pulmões, mas estava exausta.

De volta para casa, saboreamos a mais importante refeição da semana. Duas horas depois, quando só restava a carcaça do frango, Patsy disse enquanto eu lavava a louça:

— Mamãe, a sra. Franklin ligou ontem para dizer que teremos um ensaio para a festa de Natal hoje às 17 horas, com as roupas que usaremos na apresentação.

Livrei-me da esponja engordurada com o molho da panela.

— Patsy, a festa de Natal será daqui a duas semanas. Até lá, tudo estará pronto.

Eu não via a hora de me deitar no sofá para descansar alguns minutos.

— Mas, mamãe, o ensaio com as roupas vai ser hoje. Allison vai representar o pastor vestido de bege. O meu traje de pastor é azul.

— Com certeza a sra. Franklin não espera que todos vocês se apresentem com a roupa adequada duas semanas antes do dia da festa.

— Hoje de manhã ela esteve mais uma vez em nossa classe da escola bíblica e disse que tudo é muito simples. Precisamos apenas de um tecido azul cortado mais ou menos do meu tamanho, sem bainha. Basta costurar, acertar os ombros e deixar uma abertura oval para a cabeça e outras duas para os braços, como se fosse uma túnica.

Para ela, é fácil dizer isso, pensei. Levantei os olhos em direção ao céu. *Senhor, livra-me de ter de costurar hoje uma roupa de pastor*, orei.

— Está bem, Patsy — eu disse alguns momentos depois. — Vamos ver se tenho algum tecido aqui.

Examinamos o armário onde guardamos tecidos: piquê com flores cor-de-rosa, seda com bolinhas verdes, tiras amarelas, mas nenhum tecido azul apropriado para traje de pastor. De repente, lembrei-me. Meses antes, um aluno havia deixado uma sacola com tecido azul na sala de aula da escola em que eu lecionava inglês. Se pudéssemos encontrá-lo, eu poderia produzir um traje em poucas horas, mas não tinha certeza de onde estava. Havia ficado em cima de uma mesa com objetos "achados e perdidos", do lado de fora da sala de aula, até que um dia a diretora pediu-nos que limpássemos o local para uma reunião de pais e mestres. Pedi a uma aluna que pusesse os objetos dentro de um arquivo, mas não verifiquei onde ela os colocou.

Liguei para a secretária da escola e pedi a chave para entrar no estabelecimento. A caminho da casa dela, Patsy disse:

— Ah, mamãe, preciso também de um lenço da mesma cor do traje de pastor e de um cordão azul para amarrar o lenço na cabeça.

Eu ri. — Cordão azul! Você já viu um cordão azul? Impossível!

Ela também riu e encolheu os ombros.

Usamos a chave da secretária para entrar na escola e dirigimo-nos, no escuro, pelos corredores até minha sala. Ao vasculhar as gavetas abarrotadas de "achados e perdidos", lá estava — a sacola com o tecido azul de poliéster. Imagine nossa surpresa quando, ao desdobrar o tecido, vimos uma túnica esvoaçante — a roupa ideal de pastor, com abertura oval para a cabeça, ombros acertados e outras duas aberturas para os braços. Patsy experimentou-a. Ficou perfeita!

— Veja, mamãe — ela disse, pegando um lenço de pescoço e pendurando-o nos ombros.

Em seguida, Patsy encontrou o inacreditável: um cordão azul, com comprimento suficiente para passar por volta de sua cabeça e formar um perfeito capuz de pastor!

Não sei como aquele traje apareceu exatamente no momento em que tanto necessitávamos dele. Será que alguma aluna da classe de economia doméstica costurou a túnica alguns meses antes e não gostou dela? Será que Deus a colocou milagrosamente na gaveta naquele dia? Só sei que ele respondeu a esta oração de uma mãe exausta: *Senhor, livra-me de ter de costurar hoje uma roupa de pastor*. E ele respondeu à sua maneira — muito melhor do que eu podia imaginar.

• •

Àquele que é capaz de fazer infinitamente mais do que tudo o que pedimos ou pensamos, de acordo com o seu poder que atua em nós, a ele seja a glória na igreja e em Cristo Jesus, por todas as gerações, para todo o sempre! Amém!

EFÉSIOS 3.20,21

O início de uma amizade

Cheryl Gochnauer

A dor compartilhada reduz o sofrimento à metade, mas a felicidade, quando compartilhada, torna-se duas vezes maior.

Autor desconhecido

A angústia tomou conta do escritório quando a notícia se espalhou de uma saleta para outra: a mulher de um colega nosso muito querido acabara de perder o bebê.

O local de trabalho de Jack estava silencioso. As sombras na sala escura cobriam as fotografias da família e as obras de arte feitas em creiom por seu filho de 3 anos. Enquanto os funcionários conversavam em voz baixa, dirigi-me ao banheiro para enxugar lágrimas de empatia por Suzanne, mulher de Jack. Eu havia tido um aborto no ano anterior e compreendia o sofrimento de um futuro pai ou mãe.

Também conhecia a frustração de ter de ouvir comentários fúteis de pessoas com intenção de ajudar, mas que só serviam para machucar ainda mais o coração dos pais. "Deus quis assim." "Outros filhos virão." "Pelo menos a gravidez ainda estava no início." Essas e outras frases me deixaram muito mais desolada.

Assim como Suzanne, eu tinha um filho em idade pré-escolar para abraçar-me, sorrir e lembrar-me exatamente do que havia perdido. Por isso, mesmo sem conhecer Suzanne, escrevi uma carta àquela jovem mãe cristã, mencionando tudo o que gostaria de ouvir de outra pessoa.

Suzanne respondeu a minha carta. Nossa amizade foi instantânea e profunda, um laço fraternal nascido do sofrimento e da crença em comum naquele que compartilhava nossos problemas. No ano seguinte, passamos muitos momentos juntas, como se fôssemos uma dupla de Anas modernas, tentando chamar a atenção de Deus, até o ponto em que o riso superou as lágrimas.

Conforme viemos a descobrir em breve, nosso Pai ouvia cada palavra nossa.

— Vou ter um bebê! — A alegria da voz de Suzanne chegou até mim pelo telefone.

Comemorei como se a grávida fosse eu.

Uma semana depois, foi a minha vez.

— Não acredito! — No entanto era verdade. O teste de gravidez apresentou cor azul-clara.

Enquanto Suzanne mergulhava nos preparativos para a chegada do bebê, eu me continha. *E se acontecer alguma coisa com este bebê?*

Suzanne, porém, não demonstrava nenhuma preocupação. Da mesma forma que agi com ela, Suzanne forçou-me a recorrer ao Doador da Vida. Minha hesitação deu lugar a um otimismo cauteloso e depois a um alegre planejamento para a chegada de meu bebê.

Carrie Marie chegou em uma tarde ensolarada de setembro, sadia e perfeita. Enquanto eu olhava para o berço na maternidade, admirando aqueles cabelos vermelhos e brilhantes, ouvi uma voz conhecida a meu lado.

— Ei, vizinha! — Jack estava radiante. — Estamos no quarto ao lado!

Depois de uma hora, eu já estava caminhando pelos corredores da maternidade em companhia de Suzanne e Jack, enquanto meu bebê dormia. Com base em experiência recém-adquirida, transmiti ânimo a Suzanne enquanto ela caminhava pesadamente pelo corredor, segurando a barriga a cada contração.

— Você vai conseguir!

Assim foi. Poucas horas depois, enquanto amamentava Carrie, ouvi Suzanne dar o último gemido de esforço na sala de parto ao lado. Garrett Neal gritou a plenos pulmões para anunciar sua chegada. Ri alto e agradeci a misericórdia e o tempo infalível de Deus.

Passaram-se doze anos desde aquele dia glorioso em que Deus colocou nos braços de cada uma de nós um tesouro de bochechas rosadas. Hoje, Suzanne e eu sorrimos ao ver nossos adolescentes precoces e seus igualmente adoráveis irmãozinhos, com a certeza de que cada um é especial...

... da mesma forma que outras crianças, que estão brincando na casa de Jesus, à espera de suas mãezinhas.

Pois o SENHOR é bom e o seu amor leal é eterno; a sua fidelidade permanece por todas as gerações.

SALMOS 100.5

A abelha-mestra

Thelma Wells

Não me enterrem sem meu broche em formato de abelha!
Thelma Wells

Quando entram no amplo jardim-de-inverno de minha casa, as visitas são geralmente atacadas por um enxame, não de abelhas vivas, pode crer, mas de abelhas de pelúcia, abelhas de papel, abelhas de brinquedo e abelhas de cerâmica. Tenho xícaras de café, pesa-papéis e pegadores de panela decorados com abelhas, e meu maior tesouro: um broche de brilhante em formato de abelha. Até o assento de meu vaso sanitário é enfeitado com um abelhão.

Se houver um objeto qualquer que tenha uma abelha, minha Doçura (não tive a intenção de fazer um trocadilho), eu compro ou aceito como presente. Se não houver, invento um.

Qual o motivo dessa obsessão por abelhas?

Anos atrás, tomei conhecimento de um fato surpreendente. Aprendi que o zangão é cientificamente grande demais, com envergadura das asas muito estreita para poder voar. Mesmo assim, ele zumbe, porque Deus o criou para zumbir. Da mesma forma que o zangão, eu não vim ao mundo equipada para voar. Conforme você já sabe, enfrentei tantos reveses no início da vida que deveria fazer parte das estatísticas de assistência social ou ser uma pessoa sem esperanças e marcada emocionalmente.

O maravilhoso poder de Deus, no entanto, fez o vento soprar sob as asas desta gorduchinha e ensinou-a a voar, mesmo contra todas as regras da lógica. Nasci muito pobre, porém, pela graça de Deus, formei-me na faculdade e tornei-me palestrante de instituições bancárias. Não recebi um nome oficial quando nasci, mas hoje dou palestras a milhares de mulheres, digo-lhes qual é sua verdadeira identidade e falo de um Pai que as ama desde o momento em que vieram ao mundo.

Na época da segregação racial, aprendi o que significava ser odiada e maltratada por causa da cor de minha pele. Eu poderia ter recusado relacionar-me com pessoas brancas como forma de represália. Hoje, sou a única mulher negra que trabalha na equipe do ministério Women of Faith e falo a platéias de todas as raças e cores.

Meu casamento sofreu vários golpes e, como muitas pessoas previam, quase terminou em divórcio, mas, pela maravilhosa graça de Deus — e duas pessoas feridas desejando realizar o trabalho de restauração —, George e eu estamos casados há quarenta anos, e cada um de nós considera o outro a coisa mais linda que anda por aí em cima de duas pernas. Sobrevivi ao desgosto de ter um filho pródigo, mas hoje ele é um cidadão de bem e pai carinhoso. Não estou dizendo que tudo esteja perfeito, porque em todos os relacionamentos humanos existem falhas e problemas. A vida lança desafios constantes a todos nós, mas de modo geral — ah! — meu Deus tem sido muito bom e fiel para comigo.

Cheguei a ficar atolada no desespero, e meu coração dizia: "*Não* sou capaz de me levantar novamente, Senhor! Não tenho forças!".

Ele, porém, tirou-me do atoleiro e disse: "Thelma, é claro que você não pode voar por conta própria. Tem de voar no vento do meu Espírito. Com meu vento soprando por baixo dessas suas pequenas asas sempre se movimentando em oração, você subirá. Filha, seja perseverante. Juntos, você e eu voaremos acima de seus problemas".

Em tantas outras vezes ele provou sua fidelidade quando tudo parecia perdido. De fato, depois de aprender a voar em tantas situações impossíveis, penso que agora estou habilitada a ser chamada Abelha-Mestra.

Você se sente como alguém que caiu e simplesmente não consegue levantar-se? Confie no poder de Deus para mudar sua vida. Ore com fé e acredite que seu Pai tomará conta de você e de todas as suas preocupações. Livre-se do peso que a prende ao chão. Aceite tudo o que possa levá-la para o alto. Em breve você sairá do chão escuro do desespero e começará a zumbir em meio ao ar fresco da manhã.

. . . .

Busquei o SENHOR, e ele me respondeu; livrou-me de todos os meus temores. Os que olham para ele estão radiantes de alegria; seus rostos jamais mostrarão decepção. Este pobre homem clamou, e o SENHOR o ouviu; e o libertou de todas as suas tribulações.

SALMOS 34.4-6

Compradoras misteriosas

Bonnie Afman Emmorey

O mistério da vida não é um problema para ser resolvido, mas uma realidade para ser experimentada.

Frank Herbert

Estávamos no ano de 1982. Meu filho Nathan tinha 2 anos e Jordan ainda era bebê. A vida devia ser perfeita, mas eu estava começando a sentir-me com a aparência de demente. Minha vida parecia girar em torno de alimentar bebês, trocar fraldas e lavar roupa.

Graças a Deus por Chris! Conhecemo-nos dois anos antes, em um jogo de basquete, quando nossos primogênitos tinham 2 semanas de vida. A amizade foi instantânea! Nossas origens eram completamente diferentes, mas tínhamos personalidades e interesses iguais. Chris e eu passávamos horas ao telefone falando de tudo, desde acontecimentos atuais até maridos calados. Penso que ela me livrou da demência.

Encontrávamo-nos quase sempre no supermercado e, depois de fazer as compras, íamos à lanchonete para refazer as forças, relaxar e conversar. Chris era muito criativa, e quase sempre conversávamos sobre o que poderíamos fazer para ganhar um dinheiro extra como donas de casa.

Uma tarde, enquanto trocávamos idéias na lanchonete, o vice-presidente da rede de supermercados sentou-se conosco para conversar. Apesar de conhecê-lo porque freqüentávamos a mesma igreja, sua oferta de emprego pegou-nos de surpresa. Ele estava desenvolvendo um novo programa para avaliação das lojas e perguntou se teríamos interesse em um emprego de meio período.

Queria contratar-nos, duas mulheres com "cara" de dona de casa, para trabalhar como "compradoras misteriosas". Receberíamos dinheiro da rede de supermercados para visitar todas as suas lojas da região norte de Michigan. Faríamos compras e seríamos *pagas* para avaliar a eficiência dos funcionários. Era o emprego com que toda mulher sonhava: ser *paga* para fazer compras! O fato de precisar devolver as mercadorias não nos preocupou nem um pouco. Fazer compras sempre havia sido meu esporte favorito, portanto parecia ser a combinação perfeita.

Chris e eu saímos de casa no primeiro dia com grandes expectativas de um trabalho divertido, mas havia algumas surpresas reservadas para nós. Fazia parte do trabalho tratar os vendedores e vendedoras com grosseria, tentar usar cupons de compra vencidos e esconder produtos da loja no fundo do carrinho de compras... sem pagar por eles. Evidentemente, nosso trabalho *verdadeiro* era preparar relatórios após a visita a cada uma das lojas para informar como os funcionários agiam diante de duas ladras e trapaceiras.

No fim do primeiro dia, voltei para casa exausta e abatida por ter sido tão dissimulada e desonesta. Nunca havia feito tal coisa na vida. Chris estava achando divertido, mas eu disse a meu marido que pensava em desistir. A situação era muito difícil. Ron lembrou-me de que eu assumira um compromisso e deveria cumpri-lo.

Voltei ao trabalho no dia seguinte prevendo mais problemas, mas fiquei surpresa ao descobrir, no terceiro dia, que estava tendo a oportunidade de ver meu progresso como "ladra" de mercadorias de cada loja. E eu era *boa* naquilo!

Na manhã do domingo seguinte estudamos Tiago 1.27: "A religião que Deus, o nosso Pai, aceita como pura e imaculada é esta: [...] não se deixar corromper pelo mundo".

O alarme soou em minha cabeça. Vi exatamente o que estava acontecendo. Fui contratada para fazer um trabalho que, se tivesse outra finalidade, seria imoral e ilegal. Sim, a princípio achei-o difícil e senti o desejo de desistir, porém quanto mais eu me dedicava ao trabalho, mais facilidades encontrava. Cheguei a *gostar* dele! Eu me permiti tocar o mundo, e minha perspectiva mudou. Que lição! Chris e eu estávamos achando tudo tão divertido que quase deixamos de enxergar esta lição importante: nosso trabalho exigia responsabilidade e integridade pessoal — em relação a Deus e a cada uma de nós.

Nos anos seguintes, Chris e eu continuamos a ser "compradoras misteriosas". Chegamos a recorrer a disfarces simples para não ser reconhecidas nas lojas. O trabalho deu-nos a oportunidade de afastar-nos da rotina de filhos, maridos e tarefas domésticas, produziu uma renda extra e foi muito divertido. Deu-me também uma nova perspectiva. Deus me atribuíra uma responsabilidade, e era melhor eu não deixar corromper minha integridade pessoal.

A religião que Deus, o nosso Pai, aceita como pura e imaculada é esta: [...] não se deixar corromper pelo mundo.

TIAGO 1.27

Chupetas, bagagem e a pergunta de um bilhão de dólares

Sandi Banks

O amor pelas pessoas e a esperança em Cristo colocam-nos em posição de falar de Cristo quando alguém nos perguntar a respeito dele.

John Fischer

Desci do avião com minha filha Laura nos braços. O vovô aguardava-nos no portão e ofereceu-se para carregá-la enquanto eu descia a escada de acesso à área de recebimento de bagagem. Enquanto esperava a chegada de minhas malas, permaneci ali sozinha, segurando a chupeta de Laura. Notei a presença de uma comissária de vôo olhando firme para mim, depois para a chupeta e novamente para mim. Após alguns instantes, ela se inclinou e disse em voz baixa:

— Com licença, senhora. É seu primeiro vôo?

De fato, distribuir chupetas para passageiros de avião que necessitam delas não seria má idéia. É fácil identificá-los. Seguram firme nos braços da poltrona, com os olhos fixos no saco de enjôo, e, tão logo o avião começa a ganhar velocidade na pista de decolagem, os dois lados do cérebro discutem para saber se não seria melhor escolher uma poltrona bem perto da porta de saída. Meu coração compadece-se de quem tem pavor de voar. Mais do que isso, compadece-se de quem teve esse pavor... e sentou-se a *meu* lado.

Por ser uma passageira experiente, compreendo a situação difícil dessas pessoas. Se noto uma certa receptividade, tento ajudá-las no momento da decolagem, usando a tática de distraí-las ou convencê-las de que os aviões são o sistema de transporte mais seguro que existe. Quando essa tática não funciona, digo que é praticamente impossível o avião *não* voar, conforme atestam as pesquisas modernas sobre motores de propulsão a jato e leis da física que explicam as propriedades do impulso, da elevação no ar, da resistência do ar e do peso. Na viagem seguinte, nenhuma dessas pessoas pede para sentar a meu lado. Demasiado esforço para tentar ajudar!

Nunca me esquecerei do vôo em que sentei junto à janela segurando a Bíblia e meu diário. Orei mais ou menos assim: "Senhor, este é *meu* tempo para passar *contigo*. Não permitas que alguém se sente nesta fileira. Só tu e eu, Senhor, a viagem inteira, está bem?".

Com ar de santidade, atei o cinto e abri a Bíblia em Salmos. Pela visão periférica, notei alguém colocar uma bolsa no compartimento acima de minha poltrona e sentar-se a meu lado. Murmurei bruscamente: "Senhor, pensei que tivéssemos feito um acordo. Deve ter havido algum engano!".

Em seguida, ouvi uma voz suave e trêmula:

— Você não está *morrendo de medo* de voar?

Em vez de começar a transmitir minhas costumeiras "sugestões úteis", senti compaixão por aquela jovem filipina, cujo nome, logo tomei conhecimento, era Miriam. Sua pergunta fez-me lembrar imediatamente de minha história de fé.

— De fato, Miriam, eu costumava ficar apavorada. Tinha muito medo de morrer.

— E deixou de ficar apavorada? Puxa! O *que aconteceu?* A "pergunta de um bilhão de dólares".

Comecei a descrever como eu temia a época da Páscoa nos tempos de infância e devia ter sido a primeira criança em Denver que derramava lágrimas de tristeza dentro de seu cesto de ovos.

— Embora minha aparência "exterior" fosse alegre, com chapéus antigos e sapatos novos de couro de boa qualidade, meu "interior" era diferente.

Contei que, ao ouvir a mensagem de Páscoa na igreja, meus pensamentos fixavam-se de tal forma na morte de Jesus que eu não prestava atenção à parte maravilhosa de sua ressurreição.

— Eu me concentrava tanto na *má* notícia que não ouvia a *boa* notícia! Um dia, vim a saber que poderia ter um relacionamento pessoal com o Senhor ressurreto. Eu não precisava mais temer a morte, porque, dali em diante, sentiria o desejo de passar a eternidade com ele!

A conversa tomou um rumo empolgante e transformador à medida que Deus começou a tocar milagrosamente no coração daquela jovem. O avião aterrissou. Após o desembarque, Miriam correu ansiosamente ao encontro de sua família, olhou em minha direção e disse:

— Agora conte a eles tudo o que me contou!

Assim, naquela escala de dez minutos, transmiti uma versão resumida da mensagem do evangelho, da melhor maneira possível, antes de embarcar novamente.

Lembrei-me de meu respeitoso pedido em forma de oração para ter um tempo ininterrupto com o Senhor. Felizmente, ele o indeferiu.

Nossas decepções e interrupções são, geralmente, providências divinas. Penso nas inúmeras oportunidades que perdi por estar com a agenda lotada. Estou aprendendo que Deus tem um propósito e um plano grandioso para mim todos os dias. Às vezes, ele deseja que eu deixe meus compromissos de lado, por mais importantes que sejam, e siga sua agenda estabelecida para o meu dia.

A qualquer momento, alguém poderá fazer-me a "pergunta de um bilhão de dólares". Espero não perder a oportunidade de dar a "resposta de valor incalculável".

Estejam sempre preparados para responder a qualquer pessoa que lhes pedir a razão da esperança que há em vocês.

1 PEDRO 3.15

A COR DO AMOR

Thelma Wells

Deus a ama simplesmente porque essa foi a sua decisão. Ele a ama quando você não se sente amada. Ele a ama quando ninguém mais a ama. Os outros poderão abandoná-la, afastar-se de você e desprezá-la, mas Deus a ama. Sempre. Em qualquer circunstância.

MAX LUCADO

Em tempos não muito remotos, tive de dar a volta e entrar pela porta dos fundos de um restaurante para pedir um hambúrguer, só porque minha pele não é branca. Lá fiquei, no corredor perto do depósito de lixo, aguardando meu pedido.

Quando saí do ensino médio e tentava ingressar na escola de preparação para secretárias, eu era uma jovem ambiciosa e entusiasmada! Com meu lindo vestido azul combinando com sapatos azuis de salto alto e uma bela bolsa azul, eu esperava causar boa impressão e freqüentar a escola. Em poucos minutos, porém, meu jovem coração partiu-se de tristeza. Em razão da cor de minha pele, fui conduzida grosseiramente para fora do recinto antes de conseguir fazer a matrícula.

Teria sido fácil acumular todas as ofensas, e veja que relatei apenas duas experiências de preconceito. Imagine o que a média das pessoas negras de minha idade sofreu. Pense na violação da personalidade de cada uma, e tudo isso por causa do tom mais escuro da pele.

Senti-me tentada a disparar minhas armas de ira e pagar com a mesma moeda, mas, como cristã, li estas palavras do apóstolo Pedro: "Porque é louvável que, por motivo de sua consciência para com Deus, alguém suporte aflições sofrendo injustamente. Pois, que vantagem há em suportar açoites recebidos por terem cometido o mal? Mas se vocês suportam o sofrimento por terem feito o bem, isso é louvável diante de Deus" (1Pe 2.19,20).

Quando tive de beber água de um bebedouro para pessoas "de cor" porque poderia contaminar a água dos brancos, não foi uma injustiça exorbitante? Será que Deus queria que eu e outros negros bebêssemos daquela água? O Dr. Martin Luther King Jr. não concordava com isso. Eu também não concordo. Aprendi, porém, uma lição ao longo dos anos: somos livres para odiar, mas, como cristãos, não seria mais apropriado usar nossa liberdade para amar?

O amor é paciente, o amor é bondoso.
[...] Não maltrata, não procura seus interesses,
não se ira facilmente, não guarda rancor. O amor
não se alegra com a injustiça, mas se alegra com
a verdade. Tudo sofre, tudo crê, tudo espera, tudo
suporta. O amor nunca perece.

1Coríntios **13.4-8**

Uma decisão valiosa

Cathy Gallagher

Palavras frias congelam, palavras quentes queimam, palavras amargas suscitam amargura e palavras iradas provocam ira. Palavras bondosas produzem imagens no coração dos homens — e que belas imagens!

Pascal

Quando atendi o telefone, reconheci a voz e imaginei estar preparada para tudo, mas não estava. Depois de ouvir o pedido, senti o desejo de dizer palavras ofensivas a meu ex-chefe e bater o telefone. Pensei: *Você deve estar brincando! Por que eu lhe faria esse favor depois de tudo o que me fez? Que atrevimento!*

Lembrei-me imediatamente do fato ocorrido três semanas antes, quando o presidente da empresa, o mesmo que naquele momento queria conversar comigo por telefone, chamou-me em sua sala e disse:

— Cathy, seis semanas atrás contratei-a para trabalhar como diretora do serviço de atendimento ao cliente. Você costuma chegar cedo. Sai depois do horário. Trabalha com otimismo e tem sempre atitudes positivas. Foi eficiente durante esse tempo todo, mas não se encaixa em meus padrões. Está despedida.

Não me encaixo em seus padrões? Por que não? O que isso significa? Essas perguntas martelavam em minha mente. Não faziam sentido. Quando me contratou, o presidente disse:

— Cathy, você tem todas as qualidades e conhecimentos que eu queria encontrar em alguém; é a pessoa *certa* que estou procurando.

Algumas semanas depois, ele me demitiu.

Agora, por telefone, estava fazendo um pedido ousado e irritante:

— Cathy, você é boa escritora e já publicou vários artigos. Poderia escrever a história de minha empresa e publicá-la no jornal das indústrias? Eu gostaria muito.

Meus pensamentos giravam: *Não posso acreditar. Você acha que não me encaixo em seus padrões e me despediu. Agora quer que eu escreva um artigo para você! Está sonhando? Por que eu deveria escrever?*.

Senti-me tão ofendida naquele momento quanto no dia em que fui despedida e, mais uma vez, tive vontade de agredi-lo com palavras. Quando estava sendo despedida, porém, forcei-me a fechar a boca e murmurar uma oração silenciosa, repetindo meu versículo predileto da Bíblia. A oração ajudou-me a atravessar com dignidade profissional aquele momento terrível.

No telefonema, voltei a fechar a boca e murmurei a mesma oração silenciosa de três semanas antes: "Que as palavras da minha boca e a meditação do meu coração sejam agradáveis a ti, SENHOR, minha Rocha e meu Resgatador!" (Sl 19.14). Respirei fundo e disse humildemente:

— Está bem, vou escrever o artigo e publicá-lo.

Eu não tinha idéia do que aconteceria.

Em geral, o processo de publicação leva meses, mas desta vez foi diferente. Eu conhecia o jornal e os tipos de artigos preferidos da editora responsável. Alguns anos antes, a pedido dela, eu havia escrito um texto para seu jornal, com nome fictício, portanto sentia-me à vontade para apresentar-lhe o artigo por telefone. A editora concordou desde que o texto estivesse em suas mãos em um mês. Garanti que cumpriria o prazo.

Para escrever o artigo, seria necessária uma entrevista com o presidente. Depois de ouvir aquele homem de 27 anos contar, com detalhes, como foi capaz de transformar a semente de uma idéia em um negócio espetacular de seis milhões de dólares em apenas oito anos, passei a respeitá-lo mais. Abandonei minha raiva por ter sido demitida e concentrei-me na redação de um artigo que nos deixaria orgulhosos por termos trabalhado juntos.

Para minha grande alegria e surpresa, a editora reservou um lugar de destaque no jornal tipo tablóide, as duas páginas centrais, e encomendou um segundo artigo, publicado seis meses depois.

A melhor parte da experiência ocorreu no dia em que apresentei a prova de página ao presidente da empresa. Depois que ele leu o texto, eu quis saber se gostou. Com um brilho nos olhos, ele disse:

— Ah, sim, Cathy. Está muito melhor do que eu esperava ou sonhava.

Para mim, também foi muito melhor do que eu esperava. O dinheiro que recebi do presidente por ter escrito o artigo, depois de dar o dízimo para minha igreja, foi suficiente para cobrir as despesas de um mês, fato este muito importante para uma pessoa desempregada como eu.

Quando penso em minha decisão de orar para dizer palavras agradáveis no dia em que o presidente me demitiu, e outra vez, três semanas depois, quando ele me fez aquele pedido por telefone, entendo qual é a relação entre minhas palavras e minha experiência de vida. As palavras que escolho podem limitar ou expandir meu mundo — palavras ofensivas limitam; palavras bondosas podem expandir meus horizontes e abrir portas de oportunidades.

. . . .

O seu falar seja sempre agradável e temperado com sal,
para que saibam como responder a cada um.

Colossenses **4.6**

Atitudes de desafio

Melissa S. Sutter

. . . .

Um filósofo chinês disse: "Os pais que têm medo de fincar os pés no chão geralmente têm filhos que pisam nos outros".

"14.000 Quips & Quotes"

Nosso Chevrolet Impala 1972 tinha o tamanho de um barco. Havia bastante espaço para meu irmão e eu sentarmos no chão entre os dois bancos. Como naquela época não havia a obrigatoriedade do uso de cinto de segurança, aquele era nosso lugar predileto durante as viagens. Quando se sentava ao volante, mamãe sempre se lembrava de alguma coisa.

— Crianças, deixei a bolsa em casa. Volto já.

Os dois minutos entre minha mãe entrar em casa, pegar a bolsa e voltar eram mais que suficientes para que eu, uma "adorável" menina de 6 anos, engendrasse um plano espetacular e conseguisse a cooperação de Danny, meu irmão de 5 anos.

Enquanto minha mãe entrava em casa e fechava a porta, olhei firme para meu irmão e disse em tom sério:

— Estou com vontade de dizer um palavrão.

Nosso vocabulário de palavrões era muito limitado, porque meus pais não usavam esse tipo de linguagem. No entanto, conforme mamãe sempre dizia: "Se você tomar a firme decisão de fazer alguma coisa, conseguirá!", comecei a brincadeira de atribuir a meu irmão apelidos que certamente meus pais chamariam de "nomes feios". A brincadeira surtiu efeito. Danny achou graça e disse uma frase com seus próprios palavrões. Continuamos a brincar de "falar nomes feios" em meio a muitas gargalhadas.

De repente, entre uma gargalhada e outra, ouvimos um som familiar, mas desagradável. Era o "hum-hum" que somente uma mãe zangada pode produzir. Sim! Mamãe estava do lado de fora do carro. Infelizmente, havíamos deixado a janela aberta. Ela ouviu nossa nova brincadeira e não achou a mesma graça que nós achamos alguns segundos antes.

Nunca vou saber como mamãe conseguiu abrir a porta do carro, agarrar-nos pelos braços e arrastar-nos até a casa com tanta rapidez. Senti como se meus pés estivessem batendo no chão atrás de mim enquanto meus cabelos compridos voavam ao vento. Instantaneamente, ou assim me pareceu, fomos conduzidos ao banheiro. Eu não tinha idéia das conseqüências que sofreria em razão de meu mau comportamento, mas sabia que não seriam agradáveis. Aguardamos a sentença com olhos arregalados, boca fechada e mãos cobrindo o traseiro.

Mamãe disse-nos calmamente que palavrões eram proibidos e que experimentaríamos o gosto de sabonete como lembrete para manter nosso linguajar limpo. Pelo fato de ser, segundo as palavras do Dr. Dobson, "uma criança de grande determinação", achei que as palavras de minha mãe soaram mais como um *desafio* que como um *castigo*.

Mamãe não precisou dizer nada enquanto esfregava o sabonete na boca de Danny. Em atitude de obediência, ele lambeu o sabonete, fez uma careta e, docemente, pediu desculpas a ela.

Chegou a minha vez. Sem querer dar a mamãe o prazer de pensar que o castigo me angustiava, sorri enquanto ela levava o sabonete até minha boca. Em vez de lambê-lo, decidi morder um pedaço, e fiz isso com grande determinação e força. Conhecendo minhas atitudes de desafio, mamãe deixou que eu o mastigasse. E mastigasse. E mastigasse. O gosto do sabonete era desagradável. A bem da verdade, era intolerável. Mamãe notou o vermelhão em meu rosto e sabia que eu estava prestes a pôr o desjejum para fora.

— Cuspa! — ela ordenou.

Entre uma náusea e outra, comecei a ficar sufocada.

— Não! O gosto é bom!

Desta vez, com mais autoridade, ela disse:

— Cuspa, Melissa Sue!

— Não, estou gostando — insisti, sentindo a espuma sair pela boca.

— Melissa!

Tarde demais. A brincadeira havia acabado e sujei todo o banheiro.

Não sei qual de nós aprendeu mais a lição naquele dia. Parei de dizer palavrões. Mamãe nunca mais me obrigou a comer sabonete. Evidentemente, eu tinha apenas 6 anos e ainda aprenderia muitas outras lições.

Ao pensar em meu comportamento naquele dia diante de Danny, pergunto a mim mesma:

Quantas vezes fui mau exemplo para alguém?

Quantas vezes tenho sentido náuseas por alguma coisa desagradável em minha vida, insistindo que gosto daquilo?

Quantas vezes Deus tentou corrigir-me, ensinar-me ou conduzir-me, e eu cuspi a lição por causa de minha teimosia?

Quem insiste no erro depois de muita repreensão, será destruído, sem aviso e irremediavelmente.

Provérbios 29.1

Minha família vigilante

Thelma Wells

Havia fé e incentivo, esses fios de confiança tecidos em uma trama de apoio mútuo. Ninguém tinha de enfrentar alguma coisa sem amigos cuja lealdade estava acima de tudo. Ninguém jamais se sentia abandonado.

Arthur Gordon

Apesar de não desejar a ninguém o sofrimento da época da segregação, talvez tenha existido algo bom naquele período nas pequenas comunidades negras: cuidávamos uns dos outros com atenção dobrada. Em meu bairro, querida, se você não soubesse o que estava fazendo, pode estar certa de que alguém sabia.

Nunca me esquecerei do dia em que eu tinha cerca de 9 anos e estava caminhando pela rua com meu vestido de saia franzida, sentindo-me tão segura quanto um passarinho em uma gaiola, cercada de amigos que se preocupavam comigo. De repente, um reluzente Cadillac preto, com uma buzina de cada lado do capô, encostou no meio-fio a meu lado. O motorista debruçou-se sobre o banco para abaixar o vidro e ofereceu-me carona. Olhei para ele com curiosidade, mas continuei andando. Ele parou o carro e disse:

— Ei, garota, venha aqui.

Encolhi os ombros, caminhei em direção ao carro, debrucei-me na porta e percorri o olhar por seu interior. Antes, porém, que eu tivesse tempo de dizer uma palavra, um grito tomou conta da rua.

Althea Hilliard (amiga de minha família) observara a cena do consultório dentário onde trabalhava como higienista. Ela atravessou rapidamente a porta e correu em minha direção com a ferocidade de uma leoa protegendo seus filhotes.

— Saia já daí, garota!

Acenando freneticamente para mim, ela tentava afugentar as forças malignas do momento. Quando finalmente me alcançou, Althea segurou firme em meus braços e apertou-os como se fosse um torniquete até ficarmos frente a frente, com o rosto quase colado um no outro.

— E não quero vê-la nunca mais rodeando esse carro ou conversando com esse homem, ouviu bem? Nem com esse homem nem com outro qualquer, entendeu?

Com medo no olhar e os braços latejando de dor, eu só consegui murmurar com voz trêmula:

— Sim, senhora.

Em seguida, Althea virou-se para o homem no carro e despachou-o como somente uma leoa furiosa — ou uma mãe preta indignada — é capaz de fazer. Se Althea não me estivesse vigiando, quem sabe o que teria acontecido comigo e com minha inocência pueril naquela tarde?

Os homens de nosso bairro também cuidavam de nós. Se eu andasse vagarosamente pelas ruas a caminho de casa e passasse pela sapataria do sr. Bodden mais tarde do que costumava, ele me cumprimentava com o cenho franzido e chamava minha atenção.

— Faz meia hora que a escola fechou, menina — dizia, olhando para o relógio de sua loja. — Ande depressa. Vou ficar em pé aqui até você chegar em casa.

Os olhares de meus vizinhos estavam sempre cravados em mim — vigiando, observando, zelando.

Só entendi o valor dessa vigilância depois de adulta, quando percebi que vivi em uma comunidade que valorizava suas crianças. Não posso deixar de notar a diferença que faria se cada jovem de hoje tivesse alguém para cuidar dele ou dela. Não apenas *uma* pessoa, mas um *grupo* de pessoas.

Na verdade, é necessária uma família de mães, pais, tias, tios, pastores, professores, comerciantes e, sim, higienistas de consultório dentário para educar as crianças no caminho certo.

Olharei favoravelmente para eles.

JEREMIAS **24.6**

Cuidado, vovó, cuidado!

Gracie Malone

Quem dera pudéssemos voltar ao tempo em que os erros podiam ser corrigidos com um simples: "Faça de novo!".

AUTOR DESCONHECIDO

Depois de buscar meu neto Luke, de 5 anos, na escola, coloquei-o confortavelmente no banco traseiro do carro, com o cinto de segurança preso a seu corpo. Enquanto nos dirigíamos para casa, acelerei demais ao fazer uma curva e o carro balançou de um lado para o outro. Meu neto pôs a mão na testa e disse gemendo:

— Vovó Gracie, vá mais devagar! Você não sabe que as curvas são perigosas?

Antes que eu pudesse me desculpar, ele complementou:

— Não quero que nada aconteça com você.

Luke estava certo, é claro! Naquele momento, prometi a mim mesma que nunca mais pisaria fundo no acelerador quando um de meus netos estivesse no banco traseiro. Lamentavelmente, quando estou sozinha no carro, os pensamentos voam, os antigos hábitos prevalecem e começo a dirigir em alta velocidade.

Recentemente, após uma dessas ocasiões, perguntei por telefone a meu filho Jason — o único com quem posso contar quando necessito de uma pessoa sensível e compreensiva:

— Filho — eu disse com voz meiga —, você poderia explicar-me o que significa "sentença protelatória"?

Em vez de fornecer-me uma resposta direta, meu filho universitário, muito inteligente, caiu na gargalhada e perguntou:

— Mãe, quantas multas você recebeu por ter dirigido em alta velocidade?

— Só duas — resmunguei —, mas foram graves. Uma no perímetro escolar... e outra perto de uma construção.

— Mãe, por onde andam seus pensamentos?

— Às vezes sou distraída demais! De qualquer forma, quanto à infração cometida no perímetro escolar, já tomei aulas on-line de direção defensiva, mas agora... bem... — respirei fundo e prossegui — estava atrasada para o horário marcado no cabeleireiro e não notei os homens colocando cones alaranjados na pista até que... isto é... vi um policial na motocicleta fazer uma manobra rápida e piscar as luzes vermelha e azul. Parei no acostamento e vi a jaqueta de couro preto e as botas brilhantes do policial vindo em minha direção. Passei a mão pelos cabelos, forcei meu melhor sorriso e abaixei o vidro para cumprimentá-lo.

— Mãe, você não tentou jogar seu charme para livrar-se da multa, certo? — Jason perguntou.

— Bem... não exatamente...

Nos minutos seguintes, forneci detalhes suficientes para atrair a simpatia de Jason e conseguir a informação de que necessitava. Depois de desligar o telefone, minha mente retornou à cena da infração. Eu *não* tentei jogar meu charme para o policial, mas, enquanto procurava a carteira de motorista na bolsa, *decidi* usar outro artifício.

— Senhor — comecei a dizer em tom de voz despreocupado —, posso contar-lhe uma coisa?

— Claro, senhora.

— Bem... — eu disse, alisando as rugas da saia e respirando fundo — os carros adiante de mim estavam dirigindo na mesma velocidade que eu.

O policial balançou a cabeça, deu um sorriso e disse:

— Sei disso, senhora, mas só posso parar um motorista por vez.

Depois de entregar-me a multa, ele deu meia-volta com suas botas reluzentes e subiu na motocicleta.

Engatei a marcha do carro e prossegui — bem devagar — até o salão de beleza. Poucos dias depois, compareci ao tribunal, pronta para pedir uma sentença protelatória.

A juíza olhou por cima dos óculos enquanto se dirigia ao grupo de infratores sentados na sala, na maioria *jovens* do sexo *masculino*.

— Não se atrevam a mentir — ela começou a dizer —, porque temos registro de todas as infrações que vocês cometeram no Estado do Texas. — Depois de limpar a garganta, complementou: — Falem em voz audível quando se dirigirem ao tribunal.

Meu coração batia forte enquanto eu aguardava minha vez.

Quando o oficial de justiça chamou meu nome, aproximei-me do banco de jurados e, falando rápido e um pouco alto demais, mencionei as quatro infrações — apenas *quatro*, acredite — de minha vida inteira, incluindo uma por vistoria do carro vencida.

A juíza não se impressionou com minha ficha nem com minha honestidade.

— Sursis de 120 dias! — ela declarou. Em seguida, apontou o dedo ossudo em minha direção e completou: — Ficaremos de olho na senhora!

Enquanto pagava a multa e me dirigia para a porta de saída, senti-me como se fosse uma verdadeira criminosa. Nos quatro meses seguintes, tive de lidar com minhas dúvidas: *Como eu, uma mãe protetora e avó zelosa, que pregava cautela a seus descendentes, poderia agir igual a uma pessoa temerária atrás do volante?* Tive também de enfrentar gracejos dos homens da família. Começou logo que cheguei em casa naquele dia e perguntei a meu filho Jason:

— E o que significa sursis?

Todos devem sujeitar-se às autoridades governamentais, pois não há autoridade que não venha de Deus; as autoridades que existem foram por ele estabelecidas. [...] Pois os governantes não devem ser temidos, a não ser pelos que praticam o mal.

Romanos 13.1,3

O dilema dos Ding Dongs

Rachel St. John-Gilbert

Se você perder a capacidade de rir, perderá a capacidade de pensar.

CLARENCE DARROW

Uma amiga escritora ofereceu-se gentilmente para revisar meu manuscrito para um livro de devocionais bem-humoradas. Lynn, uma especialista em inglês e gramática, deparou-se com a palavra *Ding-Dong*[a], que eu escrevera com hífen. Depois de procurar a expressão em seu dicionário de palavras hifenizadas e não encontrá-la, Lynn teve uma idéia brilhante.

Ligou para o marido, que estava a caminho da mercearia. Mike, um homem que recentemente passara a preocupar-se em ter uma vida mais saudável, estava à procura de alimentos de baixo teor calórico para prolongar não só sua vida, mas também a da esposa e da filha pequena, Sheridan.

Lynn pegou o telefone e assumiu sua missão com muita seriedade.

— Michael, querido, que bom você ter chegado à mercearia. Estou colaborando no livro de Rachel e preciso saber se Ding-Dong é hifenizado.

[a]Bolinhos com cobertura de chocolate e recheio de creme [N. do T.].

Michael, sempre muito atarefado, estava percorrendo o corredor de guloseimas com o celular na mão. Sem hesitar, ele disse:

— Lynn, é claro que os Ding Dongs são hidrogenados, mas não se preocupe. Não vou comprar nenhum. Sheridan não precisa comer essa guloseima inútil.

Lynn e eu tivemos um acesso de riso — mas a história não parou por aí. Começamos a perceber que ali estava a semente de uma boa história, mas *a quem* ela pertenceria?

Eu explico. Fui criada em uma família de pessoas apaixonadas por literatura. Em volta da mesa de jantar, da mesa do café, da mesa de pingue-pongue ou de outra mesa qualquer, sempre havia alguém procurando palavras para um capítulo, um ensaio ou um título bombástico. Todas as vezes que alguém pronunciava uma palavra engraçada ou significativa, corríamos como cachorrinhos atrás do caminhão de entrega de salsichas, à procura de um guardanapo e caneta para anotar aquele petisco literário. Quando não encontrávamos papel, escrevíamos a palavra na mão, porque, de acordo com a regra áurea (se é que podemos chamá-la assim), quem a anotasse primeiro era seu proprietário.

Pode acreditar, a corrida de vários escritores à caça de uma palavra era uma verdadeira loucura. Chegamos a elaborar uma versão própria do "Miranda rights"[b] para ser lida perante amigos e parentes. Depois de pegar rapidamente uma caneta para registrar a palavra ou frase capciosa, guardar em segredo aquela preciosidade ou entender seu sentido humorístico, fazíamos esta advertência: "Qualquer palavra, frase ou declaração divertida

[b]Direito do acusado de permanecer em silêncio e contratar um advogado, porque tudo o que disser perante a autoridade que o prendeu poderá ser usado contra ele no tribunal [N. do T.].

que você proferir poderá ser publicada livremente em uma de nossas histórias. Prometemos não usá-la contra você!".

Voltemos, porém, ao dilema de Lynn. Ela também é uma escritora de faro muito aguçado, capaz de localizar uma presa a um quilômetro de distância. Afinal, foi o marido *dela* que, involuntariamente, nos presenteou com aquela verdadeira jóia. Eu, entretanto, gostaria muito de usar em meu livro a confusão entre *hifenizado* e *hidrogenado*. O que fazer com o caso do Ding-Dong? Bem, em nome de nossa amizade, Lynn decidiu não prolongar o dilema dos Ding Dongs. Permitiu que eu usasse o incidente como presente para você — mas só depois de eu ter transferido os direitos, por escrito, a meu primeiro neto. Puxa! As editoras cristãs não brincam em serviço!

Afinal, Ding Dong é hifenizado? Conforme você leu nesta história, às vezes é, às vezes não é. Não me peça explicações! Consulte seu professor de gramática.

Quem dera buscássemos as coisas de Deus com a mesma determinação dos escritores desesperados à procura de um bom material. Quem dera guardássemos a Bíblia como um tesouro, descobríssemos o poder da oração e mergulhássemos na alegria de falar de Cristo aos outros. Talvez fôssemos capazes de escrever nossos "Miranda rights": qualquer coisa que *Deus* disser poderá ser usada para transformar-me na criatura que ele idealizou para mim — para a glória de Deus e para a bênção dos que me rodeiam.

Nele [em Cristo] fomos também escolhidos, tendo sido predestinados conforme o plano daquele que faz todas as coisas segundo o propósito da sua vontade.

EFÉSIOS 1.11

Duas palavrinhas fizeram uma grande diferença

Patricia Lorenz

A oportunidade [...] apresenta-se geralmente na forma de infortúnio ou derrota temporária.

NAPOLEON HILL

Poucos anos atrás, ajudei um casal de amigos muito queridos a se mudar de um condomínio na Flórida para uma casa espaçosa com três dormitórios e piscina. Um dia após a mudança, eles me pediram que cuidasse da casa durante oito dias enquanto estivessem de férias em Montana. A viagem havia sido planejada tempos antes.

Tive a sensação de estar no céu. A casa inteira só para mim. Uma linda piscina. Uma bicicleta. Um bairro encantador perto da via navegável ao longo da costa e a cerca de um quilômetro e meio do golfo do México. Shirley autorizou-me a dirigir seu novo carro PT Cruiser, se eu desejasse. Naquela semana inteira eu li, escrevi, nadei, andei de bicicleta, fiz compras e descansei.

Certa manhã, saí para um passeio de bicicleta, pedalando com muito cuidado na pista longa e movimentada, sem calçadas nem acostamento. Quando cheguei ao centro comercial, desci da bicicleta e empurrei-a cautelosamente até o cruzamento de uma avenida de cinco faixas, também movimentada. Admito que cheguei ao cruzamento no instante em que o sinal de pedestres abriu, mas demorei um pouco mais que o normal para conduzir a pesada bicicleta com uma sacola grande e uma garrafa de água em seu cesto de metal.

De repente, *pumba!* Fui atirada ao chão por um carro. Ao entrar à esquerda, a motorista atingiu-me. Caí em cima da bicicleta, e o cesto desprendeu-se, atirando a sacola e a garrafa no meio da rua. Atordoada, tentei levantar-me, mas caí de costas sobre a bicicleta. Meu medo era que, naquela confusão, um carro passasse por cima de mim. Por fim, fui capaz de ficar em pé. Minha perna esquerda e o tornozelo direito doíam terrivelmente, mas consegui pegar a bicicleta, a sacola, a garrafa e o cesto, e saí mancando do cruzamento.

Deitei a bicicleta na grama perto da calçada e tentei encaixar o cesto. Não consegui. As lágrimas não demoraram a cair. Ninguém havia parado para me socorrer. Até a motorista que me atropelara havia desaparecido. Eu não conhecia nenhuma pessoa da redondeza, não sabia se estava ferida ou apenas assustada demais. Não tinha condições de percorrer três quilômetros de bicicleta carregando aquele cesto pesado debaixo do braço.

Nunca me senti tão sozinha na vida. Os carros passavam por mim a toda velocidade enquanto eu continuava imóvel, cheia de arranhões e ferimentos, confusa e apavorada.

De repente, avistei uma mulher do outro lado da rua, em pé perto de um carro, acenando freneticamente para mim. Quando conseguiu chamar minha atenção, ela fez um gesto para que eu fosse a seu encontro no estacionamento do supermercado, um pouco adiante do local em que me encontrava. Fiz um movimento afirmativo com a cabeça e caminhei penosamente pelo trecho asfaltado.

— Querida, você está bem? Sinto muito! A culpa foi minha. Não olhei para o lado direito. Quando vi aquela seta verde, acelerei para entrar à esquerda. Você está ferida? Tenho seguro. Quer ir ao hospital?

Ela não parava de falar para ouvir minhas respostas.

— Não, acho que não me feri gravemente. Apenas algumas contusões e arranhões.

Naquele momento as lágrimas teimavam em querer cair e eu mal conseguia falar.

— Tem certeza de que está bem? Sinto muito. Se a bicicleta estiver muito danificada, posso comprar-lhe uma nova. Sinceramente, não sei o que dizer.

— Bem — eu gaguejei —, você poderia anotar seu nome e endereço só para uma eventualidade?

— Ah, sim, claro. Tenho papel e caneta no carro. Meu nome é Beverly.

— Estou tomando conta da casa de uns amigos que estão em Montana — expliquei — e não conheço ninguém por aqui. Fiquei muito aborrecida por ninguém ter parado para me ajudar quando caí no cruzamento. Pelo menos você parou. Estou me sentindo melhor agora. Pensei que você tivesse fugido sem prestar socorro.

— Ah, não. Eu não olhei antes de entrar à esquerda. Sinto muito. De onde você é, querida?

— Wisconsin.

— Sério? Também sou de Wisconsin. De que cidade?

— Milwaukee.

— Querida, nasci, fui criada em Milwaukee e morei lá até os 20 anos, quando nos mudamos para cá.

— Meus amigos Wally e Shirley mudaram-se recentemente para uma casa nova perto da igreja de St. Jerome. Fazem parte do coral de lá.

— Você acredita que sou a zeladora da igreja de St. Jerome?

Quando nos despedimos, Beverly e eu já éramos velhas amigas. Consegui encaixar o cesto na bicicleta e pedalei de volta para casa. Em uma semana minhas contusões e arranhões estavam curados.

Acima de tudo, meus sentimentos também estavam curados. É impressionante o efeito poderoso de duas palavrinhas. As duas palavrinhas proferidas por Beverly fizeram uma enorme diferença, transformando aquilo que poderia ter sido um acidente muito estressante em uma espécie de aventura.

Duas palavrinhas. "Sinto muito." Beverly foi sincera quando as proferiu.

. . . .

Sejam bondosos e compassivos uns para com os outros, perdoando-se mutuamente, assim como Deus os perdoou em Cristo.

Efésios 4.32

Sorrisos matinais

Pauline Afman

Você não pode reprimir o riso; quando ele chega, acomoda-se em sua cadeira favorita e permanece ali o tempo que desejar.

Stephen King

Naquela manhã preguiçosa continuei na cama muito tempo depois de acordar, sentindo o ar fresco agradável entrar pela janela do quarto. A campainha tocou e ouvi meu marido abrir a porta da frente. Uma equipe da prefeitura estava podando os galhos de árvores da rua para evitar problemas com os fios elétricos. Os homens pediram permissão para podar alguns galhos do bordo que se erguia majestosamente em nosso gramado.

Sem conseguir entender o que diziam e sentindo uma ponta de curiosidade, vesti o roupão e fui até a sala de estar para ver o que se passava. Cheguei no momento em que a porta se fechava e pensei: "Saí de minha cama quente só por causa *disso*?".

Depois que Clyde, meu marido, saiu para fazer suas visitas como pastor no hospital e na casa de repouso, decidi acomodar-me confortavelmente no sofá da sala de estar. Agasalhei-me debaixo de um macio cobertor e adormeci imediatamente.

O toque da campainha despertou-me de um sono profundo. Olhei para o relógio e surpreendi-me ao ver que uma hora e meia se passara desde que me acomodara ali. Eu não estava vestida convenientemente, mas havia alguém do outro lado da porta, e esse alguém não tinha a intenção de desistir.

Bem, meu roupão era semelhante a um vestido caseiro e cobria-me completamente, portanto abri a porta. Deparei-me com um belo rapaz, um dos trabalhadores da equipe da prefeitura. Ele queria apenas confirmar se não havia problema em podar alguns galhos do bordo. Não fiz objeção. O rapaz lançou-me um olhar estranho. Zombeteiro? Não, talvez de *riso*!

Corri até o banheiro e olhei no espelho. Meu cabelo ralo estava arrepiado. Eu parecia uma vovó de traje esportivo e cabelo espetado! O que meus netos elegantes pensariam se me vissem naquele instante? Ri de mim mesma e pensei: *Agora sei por que o rapaz estava rindo*.

Momentos depois, no entanto, descobri o *verdadeiro* motivo do riso do rapaz. Eu havia me esquecido de colocar a dentadura. Que horror! Com as gengivas sorrindo para mim, pensei: *A aparência não é tudo, mas neste caso significa muita coisa!*. Corei como se fosse uma colegial e ri alto.

Felizmente, aos 81 anos, não há muitas pessoas que eu queira impressionar. Sei que a beleza exterior é passageira, mas, de agora em diante, vou fazer questão de olhar no espelho *antes* de abrir a porta de manhã. Afinal, talvez seja um de meus lindos netos!

. . . .

A beleza de vocês não deve estar nos enfeites exteriores,
como cabelos trançados e jóias de ouro ou roupas finas.
Ao contrário, esteja no ser interior, que não perece,
beleza demonstrada num espírito dócil e tranqüilo, o
que é de grande valor para Deus.

1 Pedro 3.3,4

Irmãs do coração

Carol Kent

Há uma rede de amor com a qual você pode pescar almas.

Madre Teresa

O convite foi inesperado. Pediram-me que viajasse a Frankfurt, na Alemanha, para falar na Worship and Study Conference [Conferência de estudos e adoração], de cinco dias, patrocinada pela PWOC[a]. Participavam do grupo mais de 500 mulheres de militares e algumas militares da ativa de 55 bases americanas por toda a Europa. Depois de aterrissarmos em Frankfurt, meu marido e eu fomos conduzidos de carro a um belo hotel de uma pitoresca estação de esqui, onde se realizava o evento.

Havia uma sensação de euforia no ar. Os fortes laços de amizade entre essas mulheres deixaram-me surpresa. A maioria tinha entre 20 e 40 anos. Para muitas, era a primeira experiência fora de casa, em um país estranho, longe da mãe e das irmãs biológicas. Os maridos de várias daquelas mulheres estavam em destacamento na Bósnia ou Kosovo, e elas se sentiam sozinhas em um ambiente desconhecido — *exceto pela presença de suas irmãs militares*.

[a]Sigla em inglês para Mulheres Protestantes da Capela, organização que congrega, treina e incentiva mulheres na capela das comunidades militares, com a finalidade de ajudá-las a crescer na vida espiritual [N. do T.].

Contaram-me que, nas famílias de militares, os contatos são muito rápidos porque todas mudam de lugar com muita freqüência — normalmente a cada dois anos — e existe um forte vínculo com outras mulheres em circunstâncias semelhantes.

Minha tarefa era falar todas as manhãs nas sessões de orientação geral durante a conferência. Apresentei também um workshop sobre como compartilhar a fé. Quando cheguei à parte referente à oração para uma pessoa se tornar cristã, notei vários olhares de indagação. Eu disse com espontaneidade:

— Talvez alguém aqui nunca tenha convidado Jesus para ser seu Salvador e gostaria de tomar essa decisão hoje.

Naquele dia, *sete* jovens esposas de militares oraram e se converteram.

No dia seguinte, enquanto atravessava o corredor do hotel em direção a meu quarto, ouvi alguém me chamar:

— Carol, Heather quer tornar-se cristã, mas não nos lembramos de todas as palavras daquela oração. Você poderia ajudar-nos a explicar como Heather deve pedir que Jesus entre em sua vida?

Dei meia-volta e acompanhei minha nova amiga pelo corredor. Quando chegamos ao quarto do hotel, havia um grupo de mulheres reunidas, ansiosas por assistir à conversão de Heather. Olhei para ela. Heather tinha cabelos escuros compridos e aparentemente havia dormido pouco. Fumava com nervosismo, e fui capaz de sentir que a tensão do momento lhe causava uma certa ansiedade.

— Que tal nos reunirmos neste quarto — eu disse — e começarmos a ouvir o testemunho de quem já se converteu?

Uma jovem encantadora, sentada a meu lado, levantou a mão imediatamente.

— Vou ser a primeira — ela disse. — Freqüentei igreja a vida inteira e sempre fui uma boa pessoa, mas só vim a descobrir que a conversão é um assunto pessoal depois que compareci a esta conferência. Faz uma hora que me converti!

Eu lutava para conter as lágrimas. A crente de uma hora dera o primeiro testemunho ao grupo. Uma após outra, todas as mulheres do grupo contaram com sinceridade e autenticidade como sua vida era "antes de Cristo" e a diferença que ele fez desde que elas passaram a conhecê-lo. Naquele momento sagrado, um profundo silêncio tomou conta do ambiente.

Após uma pausa, olhei para Heather e disse:

— Hoje você ouviu algumas experiências incríveis. — Prosseguí. — É muito simples, mas às vezes as pessoas complicam as coisas. A Bíblia ensina que Deus enviou seu Filho, Jesus, para viver entre nós. Ele era imaculado e perfeito. Iniciou seu ministério público depois de adulto, aos 30 anos de idade. Os líderes religiosos da época não o reconheceram como Salvador do mundo. Riram e zombaram dele. Aos 33 anos, ele morreu da forma mais terrível inventada pelo ser humano: morte por crucificação. Pendurado na cruz, Jesus pagou o preço de todos os pecados cometidos no mundo: o meu e o seu. No entanto, a história não termina aqui. Ele ressuscitou e está no céu, preparando um lugar para aqueles que crêem.

Concluí: — Heather, não creio que você tenha sido convidada por acaso para participar desta conferência. Deus sabia que você necessitava encontrá-lo no meio de tudo o que está acontecendo em sua vida. Você gostaria de orar comigo para convidar Cristo a entrar em sua vida neste momento?

Heather deu uma última tragada no cigarro e, com muita determinação, fez um movimento afirmativo com a cabeça. Formamos um círculo, e todas as mulheres de militares, em verdadeiro espírito de fraternidade, passaram os braços ao redor das companheiras. Heather começou a orar. Confessou seus pecados e convidou Jesus para ser seu Salvador e Senhor. Orou em voz alta, sem nenhum constrangimento ou hesitação.

Todos os olhos naquele quarto lacrimejavam. Quando a oração terminou, Susan, a mulher que convidara Heather para a conferência, passou os braços ao redor da amiga, balançando-a carinhosamente enquanto entoava uma canção de boas-vindas ao corpo de Cristo.

Abracei Heather e Susan e perguntei: — Como vocês se conheceram?

Susan sorriu. — Nós duas temos filhas com o nome de Harley.

Comecei a rir, pensando que apenas os motociclistas dariam o nome de Harley a um bebê. Deus, porém, tinha uma idéia diferente. A história prosseguiu. Heather e Susan estavam no armazém dos militares quando Susan chamou sua filha:

— Harley!

Heather quis saber quem estava chamando sua filha, e as duas mulheres se conheceram, mas não tinham *nada* em comum. Susan estava profundamente envolvida em sua fé cristã e Heather não demonstrava nenhum interesse por religião.

O tempo passou e Deus colocou no coração de Susan o desejo de convidar Heather para a conferência. O marido de Heather havia sido removido, e ela se sentia sozinha e temerosa. O amor e o interesse de Susan por Heather levaram-na a aceitar o convite. Foi assim que as duas mulheres de militares se tornaram irmãs em Cristo em um hotel na Alemanha.

Pois Deus enviou o seu Filho ao mundo, não para condenar o mundo, mas para que este fosse salvo por meio dele. Quem nele crê não é condenado, mas quem não crê já está condenado, por não crer no nome do Filho Unigênito de Deus.

JOÃO 3.17,18

A ÁRVORE DE NATAL EM FORMA DE GAIOLA

Ginger Shaw

Atitudes são julgamentos silenciosos que modelam nossa vida; modelam também a forma que esse modo de viver assume.

EXTRAÍDO DO BOLETIM DE UMA IGREJA

Parei e fiquei olhando. O que era aquela coisa pendurada na escada acima do pátio interno da casa? Ferro preto forjado, coberto com uma guirlanda dourada. Das beiradas pendiam enfeites de cores vivas, e em seu interior havia pacotes pequenos embrulhados para presente. Olhei para minha irmã. Ela revirou os olhos e encolheu os ombros. Olhei para minha mãe. Com um brilho no olhar, ela disse:

— É uma árvore de Natal!

Ah, sim. Certo. Uma árvore de Natal? Bem, era véspera de Natal. Tínhamos acabado de chegar do culto realizado à meia-noite na igreja, mas não havia um espírito de Natal no ar. Além do mais, aquilo certamente não se parecia com uma árvore. Uma árvore de uns 60 centímetros de altura, feita de ferro preto? Que coisa patética!

Nossas festas de fim de ano sempre foram diferentes dos padrões normais. Em razão de freqüentes mudanças, raramente sabíamos onde estaríamos e que surpresas nos aguardariam. No entanto, sempre passávamos o Natal em família — meus pais, minhas duas irmãs e eu. Sempre tivemos em casa uma árvore de Natal, verde e viçosa. Eram preciosos para cada um de nós os momentos em que nossa pequena família se reunia.

Naquele ano, porém, havíamos acabado de chegar a Bancoc, na Tailândia — não exatamente a cidade na qual alguém adoraria passar o inverno. Meu pai estava numa missão da Força Aérea, em um vôo partindo de Laos, e não poderia passar o Natal em casa. Minha irmã mais velha estava nos Estados Unidos, cursando faculdade. Nossos poucos parentes mais próximos residiam em várias cidades nos Estados Unidos. Até nosso cachorro demoraria alguns dias ainda para chegar. Portanto, restaram apenas minha mãe, minha irmã mais nova e eu. Sozinhas. Na véspera de Natal. Em um país budista do outro lado do mundo. Sem nenhum amigo. Sem cachorro. Sem nada para nos alegrar no Natal. Faltava uma parte da família. Que Natal patético!

Voltei a olhar para a "árvore". Gostaria de saber o que se passava na mente de minha mãe. O calor teria afetado suas idéias? Será que ela contraíra uma doença típica do local? Teria enlouquecido?

Ela tentou explicar.

— Árvores perenes não crescem nesta terra tropical. O país não as importa porque os budistas não necessitam de árvores de Natal.

Contou-nos que as árvores artificiais, recebidas no armazém militar em julho, haviam sido compradas rapidamente pelas famílias mais espertas que, provavelmente, passaram o Natal anterior sem uma árvore.

Assim, minha mãe engenhosa decidiu produzir uma versão toda sua de árvore de Natal. Mamãe sempre gostou muito de ferro forjado, e em Bancoc era possível comprá-lo por encomenda. Pensei que talvez fosse apenas uma desculpa para aumentar sua coleção. Ela, porém, insistiu que o espírito de Natal a levou a elaborar aquela gaiola para pendurar sob a escada de nossa residência temporária. Depois de vasculhar algumas caixas para encontrar os enfeites, ela pendurou a gaiola de ferro forjado acima do pátio interno da casa. As caixas embrulhadas para presente foram colocadas por último. Observe que eu disse *caixas*, não presentes. O único momento de euforia diante de todos aqueles supostos presentes desapareceu imediatamente quando mamãe nos contou que eram apenas enfeites. Que Natal patético!

Aquele foi o primeiro Natal sem a família inteira reunida. Gostaria de dizer que éramos semelhantes à família do filme *Adoráveis mulheres*, gratas e felizes por nossa pequena árvore de Natal em forma de gaiola, reunidas no pátio interno da casa e entoando canções tradicionais — mas minha memória me contradiz.

Ao fazer uma retrospectiva, sei que não foi uma época fácil para minha mãe. Sei também que minha atitude não a ajudou em nada, mas sua determinação em fazer o melhor diante das circunstâncias e com aquilo que Deus nos proporcionou é um reflexo de sua atitude atual perante a vida. Fez dela uma *excelente* esposa de militar. Presenciei isso em várias ocasiões: mudanças, enfermidades e viuvez.

Não me lembro de muitos dos presentes que recebi ao longo dos anos, mas *lembro-me* do presente da árvore de Natal em forma de gaiola. Hoje ela está pendurada em meu escritório, para lembrar-me não daquele Natal patético, mas do presente de valor incalculável que mamãe me deu — uma atitude positiva.

Alegrem-se sempre. Orem continuamente. Dêem graças em todas as circunstâncias, pois esta é a vontade de Deus para vocês em Cristo Jesus.

1 Tessalonicenses 5.16-18

Florescimento tardio

Jeanne Doyon

"Ah, como sou feliz!", o pequeno milhafre pôs-se a gritar,
"só porque fui corajoso e não deixei de tentar."

William J. Bennett

Olhei para meu traje pendurado no cabide e senti um aperto no estômago. Minha idéia divertida parecia ridícula agora. O que me levou a ter aulas de dança? Aprender a dançar era uma coisa, mas apresentar-se em um palco era outra completamente diferente. Andando de um lado para o outro, eu bebericava água para amenizar a secura da boca causada pelo nervosismo. *O nervosismo é natural,* disse a mim mesma.

A dança estava em meu sangue — pelo menos era algo que eu tinha de fazer desabrochar de dentro de mim. Sempre quis ter aulas de dança, e agora, aos 39 anos de idade, decidira tentar. Minha mãe e a irmã dela dançaram em muitos recitais e competições enquanto eu crescia. Minha avó, Memere, costurou roupas para bailarinas até o dia em que sua vista não mais permitiu e passou a pregar lantejoulas à mão. Minha mãe foi professora de dança e, mesmo após meu nascimento, continuou a dar aulas.

Para ela, foi perfeitamente natural matricular-me na escola de dança quando completei 2 anos.

Na noite de meu recital, no entanto, eu não queria subir ao palco. Minha mãe estava nos bastidores, atarefada com os preparativos e organizando os números de dança. Meu pai cuidava da iluminação e das cortinas. Ambos tentaram convencer-me a participar da programação com as outras alunas da classe, mas todo aquele incentivo e coação não foram capazes de me fazer mudar de idéia. Eu não subiria ao palco de maneira nenhuma.

Desesperado, meu pai disse:

— Se você não se apresentar naquele palco, nunca mais terá lições de dança.

O assunto estava encerrado. Como pais, quando fazemos uma ameaça, devemos cumpri-la. Meu pai era homem de palavra, e nunca mais tive aulas de dança na infância. Não me lembro muito do que aconteceu naquela noite, mas os vestígios do medo permaneceram — lágrimas inexplicáveis, sensação de falta de ar quando a música começa a tocar e uma lembrança de buquês de flores.

. . . .

Você vai se apresentar no palco esta noite, pensei. Naquele momento, o pequeno carro azul de minha avó parou diante de casa. O antigo medo cresceu dentro de mim, e eu queria fugir dali.

— Jeannie! — Memere gritou com um tom anormal de euforia na voz. — Sei que você vai dançar maravilhosamente.

Chegamos ao auditório cerca de vinte minutos depois, e Memere mal conseguia conter a empolgação. Tão logo entramos, ela começou a acompanhar o ritmo da música com os pés. A música só serviu para aumentar o pânico em meu peito.

— Você vai se sair bem — ela disse, com um sorriso de orelha a orelha. — Estou aguardando este momento há trinta e sete anos.

Curvei-me, beijei sua face enrugada e dirigi-me ao camarim.

— Você vai arrasar! — ela gritou.

Minha avó e minha mãe não sabiam que eu incluíra esta frase no programa: "Antes tarde do que nunca! Com amor, Jeanne".

Apesar do medo sem fundamento e do pavor de subir ao palco, eu precisava ir em frente. O medo havia me paralisado por um tempo longo demais. Eu estava perdendo os bons momentos da vida. Ao aproximar-me dos 40 anos, tentava fazer coisas com as quais nunca sonhara — e era divertido! Deus começara a trabalhar em mim e eu estava aprendendo que o perfeito amor *expulsa* o medo.

O tema de *Alice no país das maravilhas* começou, e dos bastidores ouvi os aplausos. Meu estômago contorcia-se à medida que nosso número se aproximava. Em pé na escuridão atrás do palco e com o coração disparado, eu tentava lembrar-me dos movimentos que treinamos à exaustão. Minhas companheiras de dança cochicharam palavras de incentivo a meu ouvido enquanto eu orava em busca de força para dançar da maneira que sempre desejei.

— Esta dança é para vocês — murmurei, pensando em mamãe e Memere.

A música começou e, no momento indicado, dirigi-me ao palco em companhia do grupo. Dancei com o coração e resgatei todo o tempo de minha vida. Estava trinta e sete anos atrasada, mas finalmente consegui, e aquilo me deu uma sensação de bem-estar.

Constatei, posteriormente, que o coração de Memere dançou comigo do lugar em que estava sentada na platéia. Para ela, ver sua neta mais velha no palco era um sonho que se tornara realidade. Para mim, a dança representou muito mais. Senti o Senhor tirando as correntes que me prenderam no cativeiro por mais de três décadas. Aquela noite representou um novo começo para uma vida exuberante, livre e feliz.

Tudo posso naquele que me fortalece.

FILIPENSES 4.13

A GRAVIDEZ "PLANEJADA"

Ginger Garrett

Com Deus no comando, creio que tudo terminará da melhor maneira possível.

HENRY FORD

Meu parto foi o mais bem planejado da era moderna. Pelo fato de ter lutado contra infertilidade e sofrido três abortos, eu queria que aquele parto fosse incrivelmente especial. (Tudo correu bem pela vontade de Deus, mas nós dois tínhamos idéias bem diferentes sobre como isso aconteceria.) Planejei tudo com muito cuidado. Escolhi a parteira perfeita e programei o dia perfeito para o parto induzido.

Portanto, às 5 horas da manhã de uma segunda-feira, tomei um banho de chuveiro, arrumei a mala e preparei-me para rolar (literalmente) até o hospital. Deparei-me, porém, com um problema: não havia leito vago no hospital. Atlanta havia sido atingida por uma "mania de maternidade" e todas as mulheres de lá estavam dando à luz de uma só vez. Por ter programado parto induzido, eu não fazia parte das prioridades. A enfermeira, que telefonou para avisar, encorajou-me a mentir, dizer que estava sangrando ou em trabalho de parto, para que eu fosse transferida para a lista de prioridades, mas não me senti bem em fazer isso. Resolvi esperar.

— É apenas uma questão de horas — ela me garantiu. — Mas não coma nada, por causa da possibilidade de uma cesariana.

Meu marido havia tirado folga do trabalho e minha mãe viera de avião do Texas. Meus sogros, cunhados e cunhadas estavam de prontidão. Todos aguardavam a chegada do bebê — exceto o bebê e o hospital. Andando a esmo pela casa, nenhum de nós era capaz de concentrar-se na televisão ou na leitura. Todos lançavam olhares furtivos de expectativa para meu ventre volumoso, na esperança de que o bebê se arremessasse para a zona final, como num passe de mágica.

Eu era um triste exemplo do provérbio de vigiar a vasilha de leite no fogo; não fervia nunca. Agora estava com fome e mal-humorada também. Stephanie, minha cunhada e instrutora de parto normal, não entendia por que planejei todos os detalhes.

— O parto é um processo maravilhoso e deve ser o mais natural possível — ela disse.

— Pintei as unhas à moda francesa — insisti. — Quer algo mais natural? — (Eu não podia permitir que uma coisa tão monumental quanto o parto ficasse exposta aos caprichos de meu útero. Era o que as mulheres faziam antes dos Palm Pilots.)

Eu estava testando a paciência de todos, e o hospital estava determinado a testar a minha. Não havia quartos vagos às 5 horas. Nem às 9 horas. Nem ao meio-dia. As sombras da tarde acentuavam-se, e, segundo diziam, a hora do jantar não era um bom momento para o parto. Eu não *queria* um quarto depois das 17 horas porque seria colocada na fila dos partos por volta de 20 horas. Isso significava que só retornaria à minha suíte depois das 22 horas, tarde demais para estar com uma bela aparência para receber as visitas na manhã seguinte.

Assim, no dia seguinte, começamos tudo outra vez, e mais uma vez não havia quarto vago. Eu não podia acreditar! Todos os meus planos cuidadosos, minha escolha criteriosa de uma parteira (que agora estava de folga), minha análise do tráfego nos cruzamentos e até minha indagação sobre o horário em que o hospital recebia suprimento novo de alimentos — tudo atirado pela janela.

Horas depois, fomos finalmente informados de que o hospital estava pronto para me receber. Depois de eu ter sido confinada a uma cama e receber uma pulseira de identificação como se fosse um búfalo-da-índia do *Animal Planet*, chegou a hora de começar o parto induzido. Naquele momento entendi o motivo de tanto planejamento: evitar o medo gélido do desconhecido. Eu seria uma boa mãe para meu bebê? Ele dormiria? Eu voltaria a ver meus pés? Estava apavorada, e o pavor durara nove meses. Meu coração clamava silenciosamente a Deus.

De repente, a porta abriu-se e ouvi uma voz amiga chamar meu nome. Era Ginny, a enfermeira da clínica de fertilização. Ela havia deixado a clínica para trabalhar como parteira. Em meio a um número enorme de mães no hospital naquele dia, ela havia sido escolhida "ao acaso" para atender meu quarto.

A mulher que me consolara quando sofri abortos ou não engravidei no período de fertilidade era a mesma que me animava enquanto eu transpirava e fazia força. A mulher que muitas vezes me ligara para dar a notícia (mais uma vez) de que eu não estava grávida era a mesma que me disse:

— É uma menina!

Nenhum de meus planos me poderia ter concedido um parto tão suave e maravilhoso como aquele. Deus usou os contratempos para lembrar-me de que eu continuava a ser a menina de seus olhos, mesmo em momentos de tensão, inchaço e medo.

Aprendi uma lição importante: nada que eu venha a planejar em causa própria será melhor do que aquilo que ele tem reservado para mim.

Muitos são os planos no coração do homem, mas o que prevalece é o propósito do Senhor.

PROVÉRBIOS 19.21

Amizade no avião

Charlotte Adelsperger

Seja amável. Lembre-se de que cada pessoa que você conhece está enfrentando uma difícil batalha.

T. H. Thompson

Quando o avião decolou de Kansas City para Newark, meu coração saltou de alegria. *Amanhã — Alemanha!* Bob, meu marido, apertou-me a mão. Não fiz caso da moça sentada a meu lado, de óculos escuros. Pelo jeito, ela não estava disposta a conversar.

Após o rotineiro lanche servido pela linha área, abri meu notebook repleto de expressões em alemão.

— Parece que você está estudando alemão — disse a moça, olhando por cima das lentes escuras.

— É verdade.

Contei-lhe sobre nossa viagem e meus esforços para aprender o idioma, porque ia visitar uma amiga alemã que morava perto de Frankfurt.

— Estudei três anos em Frankfurt — ela disse com entusiasmo. Contou-me que era do Quênia, na África, e estava voltando para casa.

— Você poderia ajudar-me a aprimorar meu alemão? — perguntei.

Ela concordou e agiu de maneira muito natural! Começamos a pronunciar sons guturais entre muitas risadas.

Aquela brincadeira surpreendeu-me. *Aqui estou eu atravessando o país, aprendendo palavras alemãs com uma moça africana!*

Perguntei seu nome.

— Caroline — respondeu. Em seguida, seu semblante tornou-se sério. — Você me ajudou mais do que imagina. Veja, quando entrei no avião, não conseguia parar de chorar. Você desviou meus pensamentos. — Ela explicou como foi difícil deixar o irmão e a irmã nos Estados Unidos.

Caroline fez perguntas sobre os valores morais da cultura americana, e descobri que ela também era cristã. Percebi que se tratava de uma moça muito bem-educada, com muita fé em Deus. No decorrer de uma conversa mais amena, constatamos que nós duas gostávamos de jogar tênis. Caroline tinha idade para ser minha filha, mas parecia haver grande afinidade entre nós.

Quando o avião começou a fazer as manobras de aterrissagem, Caroline mostrou-me o cartão de visita de um cidadão americano que visitara o Quênia.

— Você sabe alguma coisa a respeito deste grupo? — ela perguntou, apontando para o logotipo.

— Conheço muito bem. Trata-se de uma organização cristã! Eu escrevo para a revista deles. Que coisa incrível!

Rapidamente compartilhamos nossas experiências.

Logo a seguir, o avião pousou em Newark. Enquanto aguardávamos os vôos de conexão, Bob e eu passamos bons momentos na companhia de Caroline e oferecemos root beer[a] a ela. Ela nunca havia experimentado essa bebida.

[a]Bebida sem álcool, aromatizada com raízes de várias plantas [N. do T.].

— Isto é bom demais! — ela disse entre um gole e outro. — Por que meus irmãos nunca me falaram desta bebida? — perguntou, sorrindo. Em seus olhos, porém, ainda havia uma nuvem de tristeza.

Fomos juntas ao banheiro. Quando saí do compartimento reservado, não vi ninguém mais, a não ser Caroline lavando as mãos em um dos cantos do espaçoso recinto retangular.

De repente, meu espírito brincalhão aflorou e, por meio de mímica, "arremessei" uma bola de tênis na direção dela. Caroline girou o corpo, aprumou-se e, com o braço estendido, devolveu o arremesso imaginário. Caímos na gargalhada. Continuamos a brincadeira com nossas raquetes invisíveis. Quando saltei para pegar uma bola alta, uma senhora entrou no banheiro. Ela parou no lugar, incapaz de articular uma só palavra.

Que cena! Duas mulheres de gerações, raças e nacionalidades diferentes balançando o corpo e pulando no ladrilho de um banheiro público!

Antes de nos dirigirmos para portões diferentes, Caroline e eu trocamos endereços. Fiquei triste por ter de despedir de minha nova e maravilhosa amiga. Abraçamo-nos e prometemos orar uma pela outra.

Quando voltamos da Europa, encontrei este e-mail de Caroline: "Estou muito feliz por você ter escrito para mim. Dou graças a Deus por tê-la colocado em meu caminho. Você me incentivou muito e me fez acreditar que a vida gira em torno de pessoas. Graças a você, meu vôo foi muito mais agradável".

Emocionei-me com suas palavras e senti-me privilegiada por conhecê-la. Continuamos a trocar correspondência e contamos uma à outra nossos pedidos de oração e sonhos.

Para minha surpresa, um ano depois Caroline voltou aos Estados Unidos com o pai, Joseph, para assistir à formatura de sua irmã Agatha na faculdade. Nas festividades natalinas, recebemos a visita dos três em Kansas City. Em nossa casa, passamos momentos agradáveis juntas e tomamos chá do Quênia. Após o jantar, ficamos observando as luzes do Natal. Meu coração alegrou-se quando descobri que meus convidados estavam caminhando cada vez mais perto do Senhor.

Depois do Natal, Caroline escreveu: "Agora vocês fazem parte de minha família. São cada vez mais especiais à medida que os dias passam". Esse sentimento continua em nós.

Lembro-me daquela maravilhosa noite com Caroline e sua família. Antes da despedida, ela nos pediu que orássemos juntos. As palavras fluíram naturalmente em agradecimento a Deus, e, mais uma vez, senti-me mais próxima a ele.

Se eu subir com as asas da alvorada e morar na extremidade do mar, mesmo ali a tua mão direita me guiará e me susterá.

SALMOS 139.9,10

A RAINHA DA DANÇA

Debi Stack

Dance como se não houvesse ninguém por perto; ame como se nunca tivesse sofrido decepções.

AUTOR DESCONHECIDO

Três coisas fizeram de 1968 um ano muito especial para mim: a estréia de *Scooby-Doo* na TV nas manhãs de sábado, a canção "In the Ghetto", de Elvis Presley, foi tocada pela primeira vez no rádio e Tammy tornou-se minha melhor amiga na terceira série. Muitas vezes eu dormia na casa dela, e ela, na minha. Em uma dessas ocasiões, enquanto ríamos despreocupadamente e trocávamos exemplares da revista *Tiger Beat*, eu disse:

— Ei, Tammy, vamos tocar aquela nova canção do Elvis em seu toca-discos, aquela que fala do bebê pobre que, depois de crescer, tem outro bebê pobre e morre.

— Por quê? Só vai servir para você chorar. Vamos dançar "Sugar, Sugar", dos The Archies.

Evidentemente, Tammy não entendia o temperamento melancólico de um futuro gênio literário. Prometi que não choraria mais ao ouvir o Elvis e depois dançaríamos juntas a música "Sugar, Sugar". Ela concordou.

A única vez que me lembro de ter visto minha amiga chorar foi quando tínhamos 14 anos. Tammy era loira e bonita. Um dia, decidiu tirar alguns fios de suas sobrancelhas grossas e escuras, e confiou a mim essa tarefa. Folheamos a revista *Seventeen* à procura de um modelo, emprestamos a melhor pinça de minha mãe e alternamos a extração dos fios com aplicação de pedra de gelo.

— Você não vai deixar minhas sobrancelhas muito finas, vai? — Tammy perguntou, deitada de atravessado em minha cama e piscando a cada puxão.

— Claro que não!

— Você acha... ai!.. que alguém vai... ui!... notar?

Algumas lágrimas pesadas escaparam dos cantos de seus olhos e correram em direção às orelhas.

— Você vai ficar linda! — Entreguei-lhe um lenço de papel. — Relaxe e enxugue as orelhas.

No dia seguinte na escola, Tammy surpreendeu a todos (especialmente a mim). Eu havia feito um belo trabalho, deixando suas sobrancelhas com boa aparência, discretas e bem naturais, mas aparentemente ela continuara a extrair os fios por conta própria. As sobrancelhas quase haviam desaparecido, mas Tammy continuava deslumbrante!

Chegou o ano de 1977. Três coisas fizeram dele um ano muito triste para mim: Elvis Presley morreu, Farrah Fawcett abandonou o elenco de *As panteras* e dancei música de discoteca em público.

Ao fazer uma retrospectiva, penso que deveria ter mantido o instinto de autopreservação e permanecido em casa vendo *Os Waltons*, mas não. Em meio a idas e vindas, críticas quanto ao modo de vestir e aprendizado para namorar vários amigos na sala de estar da casa de Tammy, eu fraquejei.

— Vocês me ensinam? — pedi.

Minhas amigas tiveram a idéia de transformar uma garota apaixonada por literatura em uma rainha da dança para a primeira apresentação de nossa classe naquele ano. Tammy ligou o "hi-fi" de seus pais (um aparelho "estéreo" para MP3, só que com qualidade de som muito inferior), do tamanho de um freezer. Tirou um disco do cantor Peter Frampton e substituiu-o por uma gravação de KC e a banda Sunshine.

— Vamos lá, Debi — Tammy disse —, o Califórnia Strut é uma dança em fileiras e *muito fácil*.

A única ocasião na História em que foi usado um eufemismo tão exagerado deve ter sido em 1912, quando declararam que o *Titanic* jamais afundaria. Ai de mim! Meus passos foram um fracasso. Por quê? Tammy omitiu um pequenino e ínfimo detalhe — um giro crucial que ela corrigiu com o grupo *depois* que fui embora.

Naquela noite fatídica, quando todos na pista de dança da quadra esportiva deram meia-volta durante a música, eu continuei na mesma posição, de costas para o público. E nas vezes seguintes, quando dava um giro de 180 graus, eu ficava sozinha *de frente para o grupo inteiro* cerca de dois tempos antes que todos virassem de costas para *mim*. No final, caminhei furtivamente em direção às arquibancadas escuras, prometendo nunca mais dançar em público ou em particular pelo resto da vida.

Sem saber de meu fracasso na pista, Tammy continuou a dançar, com seus cabelos loiros balançando violentamente sob a iluminação do estroboscópio. Em seu rosto, vi o mesmo sorriso largo de nosso tempo de infância, um sorriso que dizia: "É muito *divertido*!". Como aquela garota sempre conseguia divertir-se em situações que apertavam meu estômago?

No decorrer de nossa adolescência, Tammy continuou a ser minha melhor amiga, apesar de nossas diferenças.

Ela era bem-sucedida com os rapazes; eu era excelente nos livros.

Ela brilhava dentro de seus trajes como jogadora de futebol; eu me ocultava dentro de meu uniforme da banda da escola.

Ela apreciava a vida; eu suportava a vida.

Recentemente, quando um informe comercial foi ao ar promovendo uma coleção de músicas de discoteca da década de 70, pensei em Tammy. Antes de cada dança na escola, eu hesitava em ir. Ela sempre me dizia: "Não se preocupe. *Divirta-se!*".

Uns vinte anos depois, o conselho surtiu efeito.

Pedi a meu filho de 8 anos que ligasse e desligasse continuamente a luz da sala, para imitar um estroboscópio. Coloquei minha filha de 13 anos em pé diante de mim e, no momento do informe comercial, aumentei o volume. Com um largo sorriso, eu lhe disse:

— Vou ensiná-la a dançar o Califórnia Strut.

Desta vez, acertei todos os passos.

. . . .

Então as moças dançarão de alegria [...].
Transformarei o lamento deles em júbilo; eu lhes
darei consolo e alegria em vez de tristeza.

JEREMIAS 31.13

A nova vizinha

Judy Hampton

Um bom amigo é meu parente mais próximo.
Thomas Fuller (1732)

Da janela da cozinha, ouvi o som de uma freada. Olhando para fora, vi um enorme caminhão de mudanças estacionado do outro lado da rua.

Ótimo! Finalmente aquela casa vazia será ocupada por novos vizinhos, pensei.

Antes que os homens abrissem as portas traseiras do caminhão, nossos filhos, Doug e Joani, atravessaram a rua para ver a novidade.

Retornaram logo depois com a boa notícia.

— Mãe, eles têm filhos da mesma idade que Doug e eu — disse Joani. — Já estou gostando deles!

Em breve conheci a mãe das crianças. Era uma bela mulher sueca de cabelos loiros brilhantes, olhos azuis e sorriso acolhedor.

— Oi, sou Judy Hampton — eu disse, cumprimentando-a com entusiasmo.

— Meu nome também é Judy! — ela exclamou.

Em minutos descobrimos que tínhamos muito em comum. Nas semanas seguintes, nossos filhos brincaram quase o tempo todo. Minha nova vizinha vinha buscar seus filhos em minha casa ou eu atravessava a rua para buscar os meus. Sempre tínhamos tempo para uma breve visita. Judy e eu retomávamos a conversa no ponto em que havíamos parado no dia anterior. Ela adorava ser mãe, esposa e dona de casa, e logo descobri que Judy era uma excelente administradora do lar.

Com o tempo, nossas conversas derivavam para o lado espiritual. Eu era uma cristã recém-convertida e gostava muito de contar como Cristo transformara minha vida. Judy ouvia atentamente.

— Também somos uma família religiosa — dizia Judy com determinação.

Daquele ponto em diante, contudo, nossa conversa sempre derivava para outro assunto.

Às segundas-feiras eu sempre lavava uma pilha de roupas e limpava a casa. Gostava de fazer todas as tarefas em um só dia para dedicar o resto da semana a coisas mais importantes. Em uma dessas segundas-feiras, eu estava em pé diante da pia da cozinha, colocando pratos na máquina de lavar louça. Olhei pela janela e vi Judy enfiar alguma coisa na caixa de correspondência diante de minha varanda. Corri até a porta e perguntei com entusiasmo:

— Oi! Você tem uma surpresa para mim?

— Não é bem uma surpresa. Meu sogro faleceu recentemente e herdamos o carro dele. Quando estava passando o aspirador de pó no porta-malas, encontrei este livro de religião. Achei que você gostaria dele porque é muito religiosa.

Parada ali e um pouco confusa, eu tentava visualizar alguém passando aspirador de pó no porta-malas de um carro. Eu nunca fizera aquilo.

— Obrigada, Judy. Foi muita gentileza sua.

Vi o título do livro: *A agonia do grande planeta Terra*, de Hal Lindsey. Não tive coragem de dizer a ela que já havia lido o livro. Afinal, eu era *muito* religiosa!

Raciocinando rápido, olhei para minha vizinha e disse:

— Judy, acabei de ler um livro. Talvez *você* goste dele. É sobre a família cristã, escrito por um pastor de sua denominação. É prático e criterioso. Aprendi muito sobre o que Deus diz sobre a família. Você gostaria de lê-lo?

— Obrigada! Adoro ler — ela respondeu entusiasmada.

Corri até a estante, peguei o livro e entreguei-o a ela. Despedi-me com um aceno e continuei minha interminável lista de tarefas. Cerca de duas horas depois, ouvi uma batida na porta. Fiquei um pouco aborrecida por ter de interromper o trabalho. Abri a porta e lá estava Judy, com lágrimas correndo pelo rosto.

— Oh, meu Deus, o que houve? — perguntei, ofegante.

— Não houve nada, Judy. Comecei a ler o livro e não consegui parar. Li até a última página. Hoje eu me dei conta do que estava faltando em minha vida. Um relacionamento com Jesus Cristo! O autor apresenta uma oração simples para recebê-lo como Salvador, e orei ali mesmo, na sala de estar. Judy, não consigo descrever como me sinto, mas estou muito feliz! Ri e chorei ao mesmo tempo. Eu queria que você soubesse.

De meus olhos também corriam lágrimas. Não é de admirar que dão a isso o nome de "boas-novas"!

Naquele dia, Deus transformou-nos em uma só família. Judy passou a ser minha nova irmã em Cristo.

* * *

Em todas as minhas orações em favor de vocês, sempre oro com alegria [...]. Estou convencido de que aquele que começou boa obra em vocês, vai completá-la até o dia de Cristo Jesus.

Filipenses 1.4,6

Uma paixão

Penny Williams

. . . .

Deus não me dará nada que eu não seja capaz de fazer; eu só queria que ele não confiasse tanto em minha capacidade.

Madre Teresa

Eu era mãe solteira havia dezoito anos quando alguém entrou inesperadamente em minha vida. Ele era compassivo, inteligente, divertido e, acima de tudo, fazia-me sentir como se fosse a pessoa mais importante do mundo. Apesar de moramos longe um do outro, ele quase sempre viajava após o expediente para jantar comigo. Esses bons momentos passavam rapidamente. Falávamos das atividades do dia, de nosso amor pela família, e trocávamos idéias sobre valores espirituais e princípios morais importantes para nós.

Os meses passaram depressa, e nosso relacionamento tornou-se mais próximo. Uma noite, o telefone tocou.

— Penny, você gostaria de ir a minha igreja amanhã e depois jantar comigo no Bahama Breeze?

Eufórica, aceitei. Tom freqüentava uma igreja grande e dinâmica da qual nós dois gostávamos, e o restaurante escolhido foi o mesmo de nosso primeiro encontro. A conversa agradável e as risadas no decorrer do jantar deixaram claro que havia afinidade e entrosamento entre nós.

Tom mostrou-me uma revista de turismo.

— Penny, se você tivesse a oportunidade de conhecer algum lugar do mundo, qual seria?

Surpresa, olhei para ele, tentando entender o que se passava em sua mente.

— Tom — respondi, gaguejando —, não sei.

Tom segurou carinhosamente minha mão entre as dele e olhou firme para mim. Meu coração bateu descompassado quando ele declarou seu amor por mim e o desejo de passar o resto da vida comigo. Aceitei, acreditando que um sonho maravilhoso se tornara realidade. O resto do verão passou rapidamente enquanto planejávamos o casamento e aguardávamos com ansiedade a data de nossa união.

À medida que o outono se aproximava, aproximava-se também o momento de retomar meu ministério, que incluía viagens nos fins de semana. Na época dos preparativos para minha primeira conferência, Tom demonstrou uma certa contrariedade por ficarmos afastados um do outro. Assegurei-lhe que também sentiria saudade de nossos momentos juntos, mas expressei que Deus colocara em meu coração o desejo de levar adiante aquele ministério. Tom disse com ar de brincadeira:

— Na volta, você verá um cavalheiro elegante na área de recebimento de bagagem, aguardando que alguém o leve para casa.

Sorri ao ouvir essas palavras do homem carinhoso e gentil que eu amava.

A primeira conferência do outono é sempre empolgante, com muitas atividades e tempo para pôr a conversa em dia com os integrantes do grupo após um verão atarefado. Naquele outono, contudo, senti-me estranhamente inquieta. No silêncio da noite, eu me debatia ao pensar em Tom. Não querendo acreditar que

Deus me estivesse pedindo que rompesse aquele relacionamento, procurei o conselho de Donna, minha amiga íntima e diretora das conferências. Juntas, conversamos e oramos enquanto eu tentava encontrar uma solução para meu relacionamento com Tom.

Quando desembarquei no aeroporto, de volta para casa, atravessei o longo corredor de acesso à área de recebimento de bagagem. Ergui a cabeça e avistei Tom. Meu coração deu um salto ao vê-lo. Em seguida, senti uma ponta de tristeza porque sabia o que deveria fazer. Decidi manter uma conversa mais amena em razão da hora avançada.

Na noite seguinte, quando passou em casa para jantarmos juntos, Tom parecia muito pensativo. Nossa costumeira conversa animada reduziu-se a uma silenciosa relutância em abordar o assunto do momento. Finalmente, Tom disse:

— Penny, senti muito sua falta.

— Tom, creio que Deus me concedeu esse ministério.

— Penny, você precisa decidir-se. Acho que não terá tempo necessário para levar adiante um bom casamento e trabalhar nesse ministério ao mesmo tempo.

Com profunda tristeza, eu sabia que meu sonho chegara ao fim. Respondi com muito critério, sabendo que meu coração pertencia a Deus em primeiro lugar. Eu havia travado uma luta interna durante várias semanas. Teria de tomar uma decisão. Era difícil encontrar as palavras certas.

— Tom, Deus me concedeu esse ministério. Não posso casar com você.

Um doloroso silêncio tomou conta do restante do jantar e durante o trajeto de volta para casa. Tom conduziu-me até a porta. Pela primeira vez desde nosso primeiro encontro, as palavras foram reprimidas e cuidadosamente escolhidas quando nos despedimos.

Eu desejava ardentemente a companhia e a segurança que Tom me proporcionava. Adorava nossos jantares e a conversa animada quando compartilhávamos interesses e objetivos. Entendi, porém, que Tom não queria que eu levasse adiante meus planos e não tolerava minha paixão por aquele ministério. Tive de optar por ser uma mulher de Deus ou a esposa de Tom.

Hoje continuo a ser mãe solteira e ainda penso em me casar quando o homem certo surgir em minha vida. Enquanto isso, sou muito mais feliz por saber que encontrei sabedoria na Bíblia e nas palavras de Donna. Gosto do trabalho que realizo como conselheira particular e da oportunidade de dedicar meu tempo extra a ministérios que engrandecem o Reino de Deus.

É bom. É certo.

Eu o instruirei e o ensinarei no caminho que você deve seguir; eu o aconselharei e cuidarei de você.

SALMOS 32.8

Venha jantar, filha

Thelma Wells

Concentre o olhar em Jesus; olhe firme para seu rosto maravilhoso.

Helen H. Lemmel

A palavra *humilde* tem a mesma raiz etimológica de *hummus*, que significa "terra" ou "trazido para baixo".

Sim, o Criador do Universo, que espalhou as estrelas no espaço, é também um Deus que veio à terra. Por que Jesus foi "trazido para baixo" — por que veio à terra em forma de ser humano?

Pensei nisso outro dia, enquanto eu cuidava dos afazeres na cozinha e minha "colméia" de cinco netos fazia algazarra na sala de estar. Coloquei o jantar na mesa e gritei o costumeiro "podem vir". Meus filhos adultos e meus netos começaram a dirigir-se à mesa de refeição, atraídos pelo aroma de folhas de nabo cozidas, cenouras refogadas na manteiga, sopa de quiabo, purê de batata, peito de frango assado e pão de milho (e sorvete de creme no freezer, para ser saboreado um pouco mais tarde)!

Duas netinhas, porém, estavam tão entretidas na brincadeira que não atenderam ao chamado.

— Alyssa! Alaya! — chamei novamente.

Elas continuaram distraídas. Fiz, então, a única coisa que poderia fazer. Aproximei-me do local em que brincavam com suas bonecas, dobrei meus velhos joelhos doloridos para abaixar-me no chão e olhei firme para elas.

Consegui que olhassem para mim.

— Meninas — eu disse carinhosamente, mas com firmeza na voz —, vocês não ouviram quando chamei?

Elas fizeram um movimento negativo com a cabeça, balançando as tranças escuras e com os olhos arregalados de surpresa.

— Queridas, agora que consegui atrair sua atenção, ajudem a velha vovó a levantar-se e vamos comer.

Juntas, as meninas seguraram-me pelos braços e conduziram-me à mesa de refeição.

Enquanto caminhava ao lado delas, pensei em todo aquele transtorno de ter de abaixar-me com dificuldade para atrair a atenção de minhas netas. Naquele instante percebi que Jesus fez exatamente isso por mim.

Deus preparou um banquete maravilhoso para nós no céu e convidou seu povo para comer e regalar-se! O povo, porém, quase sempre concentrado nos próprios problemas, desprezou seu convite. Assim, na forma do Filho de Deus, Jesus "abaixou-se no chão" e tornou-se um de nós. Por quê? Para chamar nossa atenção, para olhar firme para nós e conduzir-nos pela mão à mesa do banquete.

Você está distraída demais com dezenas de brinquedos desta vida? Olhe ao redor. Ele está aí, aguardando ter um encontro frente a frente com você. O jantar está na mesa e tudo o que ele deseja é o prazer de sua companhia.

Segure a mão dele, filha. Confie nele. Acompanhe o Salvador até o banquete da bondade de Deus e regale-se!

. . . .

Mesmo quando eu andar por um vale de trevas e morte,
não temerei perigo algum, pois tu estás comigo [...].
Preparas um banquete para mim.

Salmos 23.4,5

Um beijo de Deus

Danika Protzman

As decepções, quando não são entregues a Deus, transformam-se em desânimo. O desânimo causa depressão.

Kay Arthur

No ano passado, quando o infortúnio se abateu sobre a casa de minha querida amiga Linda, ela se sentiu totalmente desanimada. Tudo começou após o Onze de Setembro. Seu marido e vários colegas foram demitidos do emprego.

Após a demissão, enquanto Kirk procurava uma nova colocação, o saldo da poupança da família desapareceu rapidamente ao serem usados todos os recursos de que dispunham para viver. Depois que Kirk conseguiu outro emprego com uma enorme redução de salário, a família decidiu vender a casa e mudar-se para outra menor, dentro dos padrões de sua nova renda. Puseram à venda a casa de cerca de 280 m² e aguardaram, aguardaram, aguardaram. Após doze meses, três corretores de imóveis diferentes e nenhum comprador, eles desistiram da venda.

Durante aquele período, a nova empresa em que Kirk trabalhava foi reestruturada e demitiu 150 funcionários, inclusive ele. Enquanto Kirk procurava outro emprego, eles se mudaram para uma casa de aproximadamente 120 m², com três quartos, onde só conseguiram morar por pouco tempo. Para adaptar-se ao novo orçamento, tiveram de mudar-se para uma casa menor ainda.

Para Linda, a vida parecia uma jornada ladeira abaixo, sem volta. Bastante desanimada, ela foi a uma loja de pechinchas na tentativa de encontrar tesouros escondidos, mais para distrair-se do que fazer compras. Pelo fato de gostar muito de porcelanas, Linda dirigiu-se primeiramente ao setor de utilidades domésticas. Seu olhar foi atraído para um pires azul e branco com filete de ouro na borda. Ela reconheceu a origem — porcelana inglesa Royal Albert, de fosfato de cal e ossos calcinados —, sua favorita. Faltava, porém, a xícara. Linda comprou o pires por menos de um dólar e levou-o para casa, com a idéia de usá-lo sob um vaso de planta.

Cerca de quatro meses depois, Linda visitou uma loja de pechinchas de outra cidade. Enquanto percorria o setor de pratos, ela avistou uma xícara de chá — não uma xícara *qualquer*, mas uma xícara azul e branca da coleção de porcelana inglesa Royal Albert. Faltava o pires, mas a xícara combinava perfeitamente com o que ela comprara na outra loja.

Linda ficou atordoada. Seria uma coincidência ou seria um beijo de Deus, tentando animá-la e lembrá-la de seu amor por ela no meio de uma loja de pechinchas?

A difícil situação financeira pela qual sua família atravessava não foi resolvida rapidamente, mas naquele dia Linda entendeu que Deus a conhecia tão bem que sabia de seu amor por porcelana. A xícara e o pires tornaram-se uma marca tangível na vida dela — para lembrá-la de que, em meio às situações mais desafiadoras da vida, ele compreende nosso sofrimento, anseia por consolar-nos e deseja que nos concentremos na esperança e em um futuro.

Hoje a bela porcelana inglesa azul e branca — xícara e pires — está exposta em uma prateleira de sua cozinha como um lembrete do amor e compaixão de Deus. Linda ensinou-me que, quando as circunstâncias da vida parecem opressoras demais e difíceis de suportar, Deus cuida de nós. Ele deseja dar-nos esperança e um futuro melhor.

"Porque sou eu que conheço os planos que tenho para vocês", diz o SENHOR, "planos de fazê-los prosperar e não de lhes causar dano, planos de dar-lhes esperança e um futuro."

JEREMIAS 29.11

Minha excêntrica *tante* Liesel

Margaret K. Becker

Algumas vidas assemelham-se a uma primavera vespertina; florescem com mais beleza no anoitecer da vida.

Charles E. Cowman

O mês de março chegara a Ohio com ventos muito fortes. Os flocos de neve caíam em espirais e amontoavam-se na porta de nossa garagem, mas estávamos viajando para o sul, atraídos pelos dias ensolarados da Flórida e por uma visita a minha tia favorita. Recentemente, *tante* Liesel (tia Liesel em alemão) passara a morar em uma casa de repouso em Louisville, em Kentucky.

Ao aproximar-me da cidade, lembrei-me de um tempo no passado: longas férias de verão, o jardim de rosas de minha tia, as pinturas a óleo do tio Richard nas paredes das salas de visita e de jantar e a infame sereia pintada na parede verde-mar da banheira.

Nunca me esquecerei do dia em que *tante* Liesel tocou o trompete de meu primo Rich para nos chamar para o almoço. Ou da suave vibração das cordas do alaúde de *tante* Liesel enquanto ela cantava "My Old Kentucky Home" com ligeiro sotaque alemão.

Os curtos períodos passados em companhia dessa querida tia excêntrica e irrequieta eram muito agradáveis — mas *conviver* com ela não era nada fácil. As tentativas de meu tio para conseguir uma oportunidade de falar em meio à tagarelice de *tante* Liesel eram famosas. Ele só conseguiu isso depois que ela sofreu vários derrames, e cuidou da esposa até o dia em que adoeceu. Após sua morte, e pela provisão de Deus, minha tia foi levada à casa de repouso onde a visitaríamos.

Os brincos-de-princesa e as azaléias saudaram-nos quando chegamos ao local. Pairava no ar o aroma de grama recém-cortada. Emoções de vários tipos vieram à tona enquanto subíamos os degraus da larga escada de arenito. Após atravessarmos algumas enormes portas de carvalho, chegamos a uma acolhedora entrada principal. Verifiquei o registro de pessoas internadas na casa de repouso e encontrei o nome de minha tia: Liesel Paulmann — quarto 310.

O elevador parou perto do posto de enfermagem. A enfermeira responsável conduziu-nos ao quarto.

— Olá, *tante* Liesel. Somos Margaret e Ray, de Cleveland — anunciei, esticando o braço para apertar sua mão enrugada através da grade lateral do leito.

Minha tia franzina estava encolhida. Não passava de uma sombra da mulher robusta que conheci na infância. Um sorriso brotou de sua boca sem dentes e espalhou-se por todo o rosto — aquele mesmo rosto que me saudava nos tempos em que eu a visitava no verão.

Nos seis verões que passei com *tante* Liesel, conheci um pouco mais a respeito de sua viagem através do Atlântico. Por ser uma jovem imigrante que não falava inglês, ela teve de enfrentar muitas dificuldades. Trabalhou como empregada doméstica para famílias ricas e economizou dinheiro durante dois anos até ajuntar o suficiente para mandar buscar seu namorado. Eu adorava ouvir *tante* Liesel contar como economizou dinheiro para pagar a viagem do tio Richard para os Estados Unidos, de barco.

. . . .

— *Tante* Liesel, vou amarrar este lindo balão de gás na grade, para que você possa vê-lo melhor — eu disse.

Seus olhos acompanharam a esfera vermelha. Apontou para ela várias vezes — rindo e manifestando admiração. Suas palavras eram truncadas, a não ser em algumas frases proferidas aos borbotões. Os olhos azuis embaçados piscavam rápido em sinal de gratidão e seus gestos extravagantes transmitiam alegria. O espírito brincalhão e cheio de entusiasmo de *tante* Liesel tomava conta de todo o ambiente.

Durante os anos em que passei educando meus filhos, quase sempre mergulhada em tarefas seculares, às vezes frustada ou deprimida, eu me lembrava das músicas alegres cantadas por minha então robusta tia enquanto pendurava as roupas no varal para secar ao vento em um dia ensolarado. As recordações de ouvi-la recitar poemas antigos transmitiam-me ânimo.

Quando necessitava melhorar minhas atitudes, eu me lembrava de sua coragem ao enfrentar as tempestades da vida — a infidelidade de seu marido artista, a época em que seu filho perdeu acidentalmente o olho direito e o trauma de ter sido internada em um hospital para doentes mentais em razão de um esgotamento nervoso durante a menopausa. Tudo isso ocorrera quarenta anos antes. Amor e perdão sempre foram o segredo de sua sanidade mental e atitudes positivas em relação à vida. Tentei assimilar seu entusiasmo, fé e flexibilidade.

Essas lembranças levaram-me a cantar "Cristo me ama" para minha tia. Ela ouviu em silêncio.

— S-i-m! — ela disse com seu jeito peculiar.

Orei o "pai-nosso". Ela ouviu atentamente até o momento em que alguma coisa a distraiu. Segurei suas mãos e continuei a orar. Meus olhos contemplavam aquela mulher franzina, mas meu coração guardava a lembrança da mulher vibrante de tempos atrás.

Logo chegou a hora de partir. Beijei seu topete ralo e despedi-me dela com a conhecida expressão alemã *auf wieder sehn* (até nosso próximo encontro).

Com a mesma forma simples e carinhosa do passado, ela respondeu:

— *Auf wieder sehn.*

Lágrimas corriam por meu rosto quando saí do quarto. Entrei no banheiro, lavei o rosto com água fria e saí do prédio.

Três semanas após nossa visita, *tante* Liesel foi morar em seu lar celestial.

— *Auf wieder sehn*, *tante* Liesel.

Agradeço a meu Deus toda vez que me lembro de vocês.

FILIPENSES 1.3

Uma pequena porção de encanto

Cathy Gallagher

Um instante de discernimento equivale, às vezes, a uma experiência de vida.

Oliver Wendell Holmes Sr.

Enquanto minha amiga Rosie e eu subíamos os degraus para chegar ao lugar mais alto da Van Andel Arena, em Grand Rapids, em Michigan, eu esperava que a noite trouxesse um pouco de ânimo para minha situação angustiante. Não sabia que viveria um instante de discernimento e descobriria a resposta para a pergunta que me martelava havia várias semanas: *o que fazer agora?*.

Estava tentando encontrar um novo emprego pela terceira vez em dezoito meses, e não era isso o que eu desejava para minha carreira. Sentia-me triste, zangada, rejeitada e aflita, com medo de não ser contratada em razão de meu fraco desempenho profissional. Meu comparecimento à apresentação musical em companhia de Rosie foi uma pausa agradável à cansativa e frustrante tarefa de procurar emprego. Eu havia perdido minha última posição em decorrência do Onze de Setembro, e as empresas americanas não estavam fazendo muitas contratações.

Enquanto procurávamos os lugares, Rosie e eu brincamos ao ver, do alto, o palco e a plataforma. A apresentação começou.

Recordações de momentos preciosos de minha juventude vieram-me à mente quando Neil Diamond cantou as músicas que enterneceram meu coração várias décadas antes.

Em eventos desse tipo, eu costumava avistar o palco de meu lugar predileto: uma cadeira no nível do chão. Achei interessante a diferença entre a apresentação vista do alto e a apresentação vista do nível do chão.

Os movimentos complexos e perfeitamente ritmados de tudo e de todos eram fascinantes. Os músicos mudavam de lugar no momento exato. Os adereços eram colocados e retirados do palco com máxima precisão. As luzes multicoloridas entrelaçando-se por toda a arena davam a idéia de um caleidoscópio. Os movimentos de Neil Diamond acompanhavam rigorosamente o ritmo da música.

Perto do final do concerto, um pequeno piano de cauda foi colocado no palco, bem abaixo de nós. Rosie cutucou-me e cochichou:

— Veja, Cathy, Neil vai tocar!

De meu lugar privilegiado, vi Neil Diamond aproximar-se lentamente do piano e dar uma batida carinhosa em sua tampa de madeira. Com muito respeito, ele disse:

— Observem este belo piano. Algumas pessoas vêem o piano como um objeto inanimado, mas eu o vejo como uma explosão de potencial em razão de todas as músicas que ele ajudará a compor.

Naquele instante de discernimento, não ouvi nenhuma outra música no concerto. Meus pensamentos concentraram-se nas palavras emocionantes de Neil Diamond. Lembrei-me de que a Bíblia diz que Deus criou o homem à sua imagem (Gn 1.27), e eu me vi como Deus me vê: como sua explosão de potencial em razão de todas as habilidades e talentos reprimidos em meu interior, aguardando ser liberados e usados em um novo emprego, aquele que ainda não encontrara.

Puxa!, pensei. *O desemprego assemelha-se àquele piano — repleto de potencial ilimitado. O que faço entre um emprego e outro é muito importante. Posso manter meu potencial trancado dentro de mim e continuar me preocupando e queixando de minha capacidade e das circunstâncias da vida. Ou posso liberar meu potencial abraçando as oportunidades que o desemprego oferece, tais como tempo para procurar uma ocupação e liberdade para comparecer às entrevistas sem precisar perder um dia de trabalho!*

Percebi que, além de ter uma visão privilegiada do concerto, passei também a compreender que Deus tem uma visão diferente das circunstâncias, porque ele está em um lugar acima de nós, olhando do alto para baixo.

Eu olhava para minha condição de desempregada como se estivesse sentada no nível do chão, vendo apenas limitações e fracassos pessoais e profissionais. Deus, contudo, estava olhando para meu potencial e para os planos que tinha para mim. Ele viu o que eu não era capaz de ver — de que maneira minhas experiências passadas e meus esforços no presente para encontrar emprego ligavam-se ao meu futuro.

De repente, eu sabia o que fazer. Precisava enxergar além de minha visão limitada e aceitar a visão mais ampla de Deus. Precisava incluir "uma pequena porção de encanto" a cada dia enxergando minhas demissões como um trampolim para liberar meu potencial à medida que Deus abria novas portas de oportunidades. Precisava levantar-me todos os dias com esperança no coração, porque cada novo dia era uma explosão de potencial para procurar um emprego, e só Deus sabia exatamente qual seria o dia em que acharia o emprego certo.

Quando saí do concerto, não sabia que passaria os seis meses seguintes me esforçando para lembrar: *este pode ser o dia em que vou encontrar um emprego*. Não percebi também que a porta que se abriria seria no mesmo lugar em que passei tanto tempo procurando emprego: a agência de desempregados de Michigan. Deus deve ter percebido que estive muito tempo ali e merecia ser paga por isso. Também não sabia que Deus colocaria em meu coração o desejo de organizar um estudo bíblico para os desempregados, com o objetivo de devolver esperança àqueles que se sentiam tão desanimados quanto eu.

Meu futuro ainda era incerto quando saí daquele concerto, mas eu tinha a sensação de ser uma nova mulher. Já não me sentia triste, zangada, preocupada e desprezada. Havia esperança e determinação dentro de mim. Aprendera que a visão de Deus a respeito de minha vida é mais alta e melhor que qualquer outra coisa que eu possa imaginar, e isso foi maravilhoso.

"Pois os meus pensamentos não são os pensamentos de vocês, nem os seus caminhos são os meus caminhos", declara o SENHOR. "Assim como os céus são mais altos do que a terra, também os meus caminhos são mais altos do que os seus caminhos, e os meus pensamentos, mais altos do que os seus pensamentos."

Isaías 55.8,9

Passe adiante

Thelma Wells

Com o passar dos anos, não envelhecemos; remoçamos a cada dia.

Emily Dickinson

Aos 61 anos de idade, comecei a perceber que meu tempo restante neste mundo precisaria ser usado de forma a multiplicar o que Deus me concedera e a perdurar nos corações daqueles que continuariam aqui quando Deus me chamasse. Orei a esse respeito e aguardei que ele, com seu jeito criativo, continuasse a mostrar-me como levar isso adiante. De fato, na terceira vez que alguém me disse: "Thelma, creio que Deus deseja que você compartilhe com outras mulheres do ministério de liderança a sabedoria que aprendeu, de modo que possam passá-la adiante", chorei muito. Apesar de minha agenda lotada, não tive escolha, senão obedecer.

Comecei então um ministério de incentivo, amor e instrução para 65 mulheres, ao qual dei o nome de "Filhas de Sião".

Meu título formal nessa nova missão é "mãe de Sião", mas essas mulheres afro-americanas chamam-me "mãe T", seja qual for a idade delas ou fase do ministério em que se encontram. São mulheres inteligentes, fortes, chamadas por Deus para várias funções: evangelistas, professoras, pregadoras, esposas de pastor e participantes de grupos de dança de louvor. Duas delas, tenho o privilégio de dizer, são minhas próprias filhas adultas.

O grupo começou a reunir-se uma vez por mês em minha casa, por um período de dez meses. Conversamos sobre relacionamentos, unidade, administração do tempo, saúde, cura de corações quebrantados e vários outros assuntos. Pelo fato de não gostar de fazer as coisas pela metade, fiquei tão empolgada com esse novo ministério que elaborei cadernos de anotações, folhetos para serem distribuídos e lição de casa para minhas alunas.

Existem muitas questões, temas, lutas ou perguntas sobre o ministério feminino que elas necessitam discutir com alguém, mesmo no caso daquelas que têm trabalhado nesse ministério há anos. "Em quem devo confiar?", perguntam. "Com quem posso conversar?"

Para mim, é um grande privilégio ser a conselheira em quem essas mulheres podem confiar — uma amiga com quem podem abrir o coração e ser sinceras. Priscilla Shirer, uma de minhas filhas espirituais, disse:

— Acredito na Bíblia. Ela diz que as mulheres mais velhas devem orientar as mais novas. Creio que existem muitas jovens que imaginam saber tudo, e isso está muito longe da realidade.

Cathy, outra colaboradora do grupo, disse:

— Todas nós precisamos manter as aparências diante do público, embora existam preocupações reais em nossa vida particular.

Durante o tempo em que temos nos reunido, tenho visto muitos frutos, e esses momentos são incrivelmente ricos.

Talvez você me pergunte se tem sido um ato equilibrado cuidar do novo ministério e de minhas outras responsabilidades.

Ah, sim, filha, sim, sim, *sim!*

Será, no entanto, que eu gostaria de ter decidido *não* assumir essa responsabilidade concedida por Deus?

Ah, não.

Não trocaria essa experiência por nada deste mundo. A avó que existe em mim adora ser mãe dessas mulheres, demonstrando amor e zelo por elas. Para mim, é natural passar adiante algo dos dons que Deus me deu. Além disso, em minha caminhada com o Senhor, aprendi que ele nos ajuda a cumprir até o fim a missão que nos confiou.

Existe alguma coisa para a qual Deus a está chamando, mas você não tem certeza se partiu dele? Seja sincera, pergunte, ore. Tenho o costume de pedir, no mínimo três vezes, a confirmação de meu Pai para aquilo que ele deseja que eu faça. Só assim posso ouvi-lo com clareza, principalmente se a oportunidade exigir um longo período de comprometimento. Quando, porém, ele confirmar e você tiver a certeza no coração de que está ouvindo sua voz, tranqüilize-se e comece a segui-lo um passo por vez.

Talvez você cometa alguns erros e tenha um pouco de dificuldade de seguir a Deus. Espere isso como parte do processo. Posso, contudo, assegurar-lhe que o sofrimento que porventura você venha a sentir quando der esse passo de fé e seguir a orientação de Deus não é nada comparado à dor do arrependimento, quando olhar para trás e perguntar: *E se... e se eu tivesse ouvido e obedecido? Como teria sido? O que eu teria feito?*.

Ouça a voz de Deus falando a seu coração, minha amiga, como se ele a estivesse cutucando em direção ao lugar em que você prestaria o maior de todos os serviços e causaria grande impacto. Em seguida, prossiga sem olhar para trás, sem arrependimentos. Por fim, observe as numerosas bênçãos que Deus lhe concede, suficientes para você ser capaz de espalhá-las aos filhos e filhas dele. Não existe maior alegria que esta.

O generoso prosperará; quem dá alívio aos outros,
alívio receberá.

PROVÉRBIOS 11.25

O dente torto

Shari Minke

O grande responsável pela beleza é um coração contente e uma aparência feliz.

Gayelord Hauser

— Posso endireitar esse seu dente torto — disse-me o dentista.

Ora essa! Senti vontade de dar um soco no nariz dele! Nunca havia visto aquele homem antes. Era a primeira vez que entrava em seu consultório. Senti-me ofendida por ele não ter se apresentado antes de fazer aquele comentário. Ele não disse: "Olá, como vai?". Simplesmente apontou um defeito meu!

Por ser uma pessoa tímida, surpreendi-me ao dizer bruscamente:

— Que atrevi... ora, deixe para lá.

O homem insensível segurou minha mão esquerda e, depois de ver a aliança, replicou:

— Está bem, vejo que é casada.

Eu não sabia o que fazer! Queria gritar: "Não, não sou!". Meu marido havia me abandonado meses atrás. Usava aliança esperando que ele voltasse.

As palavras do dentista assustaram-me. Interpretei-as como se ele estivesse dizendo: "Com esse dente torto, a senhora teve sorte de encontrar um marido!". Chorei durante o caminho inteiro para casa.

Depois de alguns anos, Deus colocou outro homem em minha vida, e ele casou comigo apesar de meu dente torto. Deus usou um homem gentil para amar-me e fazer aflorar os dons ocultos dentro de mim.

. . . .

O tempo passou. Eu lecionava estudos bíblicos para adultos em minha igreja e um dos alunos da classe era ortodontista. Um domingo, ele se aproximou de mim após o culto e disse as mesmas palavras que eu ouvira quinze anos antes:

— Posso endireitar esse seu dente torto.

Aquela alma bondosa não sabia qual era o significado dessas palavras para minha psique. Ao lembrar-me da antiga mágoa, disfarcei com um sorriso e mudei de assunto.

Duas semanas depois, ouvi *novamente* as palavras do ortodontista:

— Posso endireitar esse seu dente torto.

No caminho de volta para casa, tomei uma atitude errada e disse estas palavras precipitadas a meu marido:

— Se ele deseja mesmo endireitar meu dente torto, que seja de graça!

No domingo seguinte, o ortodontista aproximou-se de mim e disse:

— Posso endireitar esse seu dente torto e não vou cobrar nada.

Ao perceber a sinceridade dessa oferta, um sentimento de culpa tomou conta de mim em razão de meu mau julgamento.

Respondi: — Puxa! Quanta generosidade! Vou pensar no assunto.

Enquanto voltávamos para casa, meu marido fez este comentário sobre a oferta do ortodontista:

— Você pode endireitar seu dente se quiser, mas, para mim, sua dentição é bonita.

Decidi pedir a opinião de minha família e amigos próximos. As respostas deixaram-me intrigada.

— Nunca notamos que a senhora tinha um dente torto — replicaram meus filhos adolescentes.

— Eu tenho dentes tortos — disse minha filha mais velha. — Será que ele pode endireitá-los sem cobrar nada?

A mais nova reagiu com veemência:

— Não! Não vá endireitar esse dente! Eu sempre a conheci assim. É o "dente da mamãe".

Quando era mais nova, ela deu a um de meus dentes o nome de "dente de rainha". Demorei um pouco para descobrir que ela se referia à *coroa* de ouro de meu molar! Minha filha não se lembrava disso, mas sabia que o dente tinha alguma relação com realeza.

Meus pais gostavam de meu dente torto.

Cindy, minha companheira de oração, disse:

— Não vejo necessidade de endireitá-lo. Você ficaria diferente. Não seria *você*.

Minha colega Jan disse:

— Você viaja por aí representando personagens humorísticas. São todas imperfeitas. Não posso imaginar uma de suas "personagens" com dentes perfeitos.

O argumento decisivo partiu de minha amiga Vickie, em tom de desafio:

— Ninguém é perfeito. Se você endireitar esse dente, o que mais vai querer endireitar?

No domingo seguinte, recusei delicadamente a oferta do ortodontista. Sua resposta surpreendeu-me:

— Uma senhora que trabalhou anos atrás em meu consultório tinha um dente parecido com o seu. Ofereci-me para endireitá-lo, mas ela também não aceitou. Depois que ela saiu do emprego, não a vi mais durante anos. Um dia, encontrei-a por acaso e notei que mandara endireitar o dente. Sabe de uma coisa? Não gostei! Não era *ela*.

Nós dois rimos.

É muito bom saber que a qualidade de minha vida não se encontra na aparência física. De fato, decidi *aceitar* meu dente torto — mas espero que alguém me avise se houver um pedacinho de verdura preso nele!

"O SENHOR não vê como o homem: o homem vê a aparência, mas o SENHOR vê o coração."

1 Samuel 16.7

Organizando nossa vida

Lynn D. Morrissey

Graça é amor que cuida, que se humilha e resgata.

John R. W. Stott

Há uma característica de que gosto muito em minha querida amiga Jo: ela está sempre preparada para uma aventura. Nos últimos anos, exploramos a arte culinária, pinturas e outros numerosos projetos e paixões. Embora todas as nossas intenções fossem boas, algumas se mostraram ineficientes. As prateleiras de nossos armários são depósitos de meadas de lã não tricotadas, vídeos de exercícios físicos não vistos e livros não lidos.

Em vez, porém, de permitir que o fracasso nos abata, cutucamo-nos carinhosamente para não desistir. A atividade mais inusitada foi a fase de organização de nossas casas. Naquela época, estávamos determinadas a finalizar *alguma coisa*. Ao analisar os motivos de nossos fracassos passados, percebemos que nunca havíamos elaborado um plano viável para o sucesso. Com ajuda mútua, seríamos capazes de organizar nossa vida.

Um sábado, apesar de atoladas no interminável trabalho doméstico, Jo e eu demos uma fugida em nome de uma boa causa e encontramo-nos, no início da manhã, em nossa livraria favorita. Compramos todos os livros que a população feminina conhece sobre organização do lar, limpeza da casa e administração do tempo. Passamos um dia agradável ali. Sentadas durante horas na lanchonete (com direito a café da manhã, almoço e jantar), lemos, anotamos e planejamos uma estratégia detalhada para fazer uma arrumação completa em nossas casas. Não medimos esforços para elaborar um plano de batalha de causar inveja ao general Sherman. Estávamos finalmente declarando guerra à desordem com uma estratégia infalível para vencer. Ninguém nos deteria!

Mais de oito horas depois e completamente exausta, convidei Jo para ir a minha casa. Juntas, contaríamos nosso plano a Michael, meu marido. Apesar de ele ser sempre paciente e compreensivo, eu não queria chegar em casa sozinha, pois sabia que a deixara em completa desordem. Sendo uma verdadeira amiga, Jo estava disposta a enfrentar a situação comigo.

Quando Jo e eu abrimos a porta da frente e entramos, ficamos atônitas diante do que vimos. A casa estava impecavelmente limpa! Alguém havia passado o aspirador de pó no carpete, polido os móveis e deixado cada coisa em seu lugar. Tudo estava limpo, brilhando e em ordem. Meu sonho de organizar a casa havia se concretizado sem que eu tivesse levantado um dedo sequer!

— Ei, Jo, aconteceu um milagre! Bastou *ler* aqueles livros para nosso plano funcionar! — exclamei, rindo.

Michael ouviu nossas risadas e apareceu com as mãos no quadril e um sorriso de orelha a orelha.

— Saibam, senhoras, que a princípio não acreditei em sua cruzada de organização. Pensei que *fazer* produzisse mais resultados que *falar*, mas eu estava enganado. Durante o *longo* tempo que vocês ficaram fora, eu consegui arrumar a casa inteira!

Surpreendentemente, Michael também ofereceu-se para ajudar Jo a realizar algumas tarefas difíceis em sua casa.

Desde então, Jo e eu temos conversado muitas vezes a respeito daquele incidente. Percebemos que, apesar de termos apoiado uma à outra sem nunca criticar nossas "boas intenções" e fracassos, foi Michael quem nos concedeu a verdadeira graça. Demonstrando generosidade, ele limpou e organizou nossa casa — uma tarefa que eu considerava responsabilidade minha. Achei que deveria elaborar um plano perfeito antes de começar. Em vez disso, embora eu não merecesse, Michael socorreu-me e fez o trabalho que, em minha opinião, seria impossível realizar sozinha.

Com grande gratidão, percebi também que não preciso esforçar-me para "organizar minha vida" ou ter uma compreensão perfeita das profundas implicações teológicas da salvação antes de receber o dom da graça de Deus. Ele me ama assim como sou. Ele me ama tanto que vem em meu socorro quando estou desesperançada e me resgata de uma vida de impureza. O supremo Doador da Graça enviou seu Filho, Jesus, para morrer por meus pecados, purificar-me e libertar-me. Aquilo que nunca conseguiria terminar sozinha, Deus concluiu para mim mediante a morte e ressurreição de seu Filho. Não existe obra mais perfeita que essa!

• •

Pois vocês são salvos pela graça, por meio da fé, e isto não vem de vocês, é dom de Deus; não por obras, para que ninguém se glorie.

Efésios 2.8,9

Uma derrapagem abençoada

Vicki Tiede

A vida não é uma jornada até a sepultura com a intenção de chegar em segurança e com um corpo bonito e bem-conservado. É estatelar-se no chão, totalmente exausto e esgotado, e proclamar bem alto: "Puxa! Que viagem!".

Autor desconhecido

Laurie adorava montar em sua Harley e correr pelas ruas, deixando o vento bater no rosto e as responsabilidades para trás. Trabalhava o dia inteiro, era mãe solteira e cuidava de duas filhas havia dezesseis anos. No ano anterior, organizara uma reunião de família com a participação do filho de 26 anos, adotado quando era bebê. Mais recentemente, assumira uma posição firme contra o alcoolismo que havia tomado conta de sua vida. Os passeios de motocicleta, contudo, eram momentos especiais reservados somente a ela. Atrás do guidom de sua moto, Laurie aproveitava a oportunidade para apreciar o trabalho meticuloso de Deus enquanto ele sussurrava palavras doces em seu coração e o vento soprava com força em suas orelhas.

Em 24 de julho de 2004, Laurie havia acabado de retornar de uma semana de férias no norte de Minnesota. Em vários verões anteriores, ela e as filhas haviam passado as férias juntas no mesmo chalé. Naquele ano, as garotas estavam trabalhando, portanto Laurie fez a viagem sozinha em sua moto. Os dias de descanso à beira do lago com sua Bíblia, diário e uma pilha de livros foram preciosos. Ela gostava muito de passar horas sozinha com Jesus, ouvindo suas promessas de fidelidade e graça abundante. Com essas promessas gravadas no coração, Laurie voltou para casa, curiosa por saber o que Deus em breve lhe revelaria.

No início da tarde, quando estava levando sua moto para lavar, Laurie seguiu por uma rua de duas pistas que atravessava bairros residenciais e centros de comércio de grande movimento. Ao chegar a um cruzamento, ela se distraiu por um instante ao ver um grande número de carros na faixa da esquerda e outros tantos estacionados a sua direita. Ao voltar a atenção para a rua, levou um susto enorme. Uma van havia parado para fazer uma manobra, e Laurie não teve tempo de vê-la. Era tarde demais para brecar. Antes de colidir violentamente na traseira da van, Laurie passou as mãos ao redor do corpo para proteger-se do impacto.

. . . .

Deitada no leito do hospital, ela fez um balanço dos ferimentos. O pulso esquerdo, envolto em uma munhequeira cor-de-rosa, tinha fraturas em vários lugares e precisou de duas cirurgias para juntar as partes com placas e parafusos. O pulso direito, também fraturado, foi imobilizado com uma grossa camada de gesso. A carreira de Laurie, como secretária de médico, dependia do uso das mãos. Teria Deus feito uma brincadeira cruel com ela? Para piorar a situação, o quadril, a pélvis e o cóccix quebraram-se em seis lugares.

— Tempo — disseram-lhe os médicos. — Tempo e repouso absoluto são os melhores remédios para curar essas fraturas.

Laurie passou três meses deitada de costas e outros dois fazendo fisioterapia em clínica especializada. Preocupação com as filhas, contas vencendo e ausência no trabalho só serviram para aumentar sua carga de sofrimento.

Aquela mulher tinha todos os motivos para mergulhar na autopiedade, entrar em depressão e exigir uma resposta de Deus. *Já não sofri o suficiente? Passei por muitas provações e estou cansada. Vou continuar a seguir-te, mas necessito de uma pausa!*

Em pé ao lado do leito de Laurie no hospital, meneei a cabeça sem encontrar palavras para consolá-la. Laurie percebeu minha sensação de total incapacidade de ajudar. Com um leve sorriso, ela disse:

— Ei, sabe de uma coisa? Quem segue a Jesus não recebe a garantia de jamais sofrer um acidente na direção de uma moto. Só receberei essa garantia quando estiver pilotando minha Harley no céu. Sou grata a Deus por ele ter poupado minha vida. No momento do acidente eu estava sem capacete, mas ele protegeu minha cabeça e deu-me uma nova oportunidade de aproveitar o que esta vida tem de bom. Não fiz nada para merecer esta bênção!

Apesar de sua moto estar totalmente destruída, Laurie sabia que sua vida fora preservada. Encostei a mão em sua face, um dos poucos lugares que não recebeu ferimento, sorri e disse:

— Amiga, o amor de Deus por você está incrivelmente acima de todas essas coisas.

A principal preocupação de Laurie não girava em torno de sua condição atual. Com a graça de Deus, ela estava determinada a continuar a viver com alegria.

Confie no SENHOR de todo o seu coração e não se apóie em seu próprio entendimento; reconheça o SENHOR em todos os seus caminhos, e ele endireitará as suas veredas.

Provérbios 3.5,6

Revelando segredos

Deborah P. Brunt

A verdade é sempre forte, por mais fraca que pareça, e a falsidade é sempre fraca, por mais forte que pareça.

Phillips Brooks

Sentamos à mesa, de frente uma para a outra. Eu estava tomando um café expresso com chantilly. Ela mordiscava um biscoito de aveia com uvas passas.

Conhecemo-nos seis anos antes, pouco depois que me mudei para o bairro. Nos quatro anos em que ela morou lá com a família, tornamo-nos grandes amigas. Mesmo depois que ela se mudou, continuamos a manter contato por e-mail.

Só agora, porém, eu estava começando a conhecê-la melhor. A situação era estranha, como se fosse um primeiro encontro, só que mais difícil porque... bem, porque havia um segredo que só viera à tona recentemente.

Tratava-se de um segredo do marido dela. Na tentativa de proteger — o marido? a família? Deus? —, ela guardou o segredo por uma década, sem contá-lo a quase ninguém. Escondeu a verdade até mesmo das pessoas mais próximas. Eu a considerava uma mulher forte e determinada, disposta a combater o mal e a injustiça. Para mim, ela era uma mulher que amava a verdade.

Agora, precisava proteger-se. O marido, envergonhado, mas não arrependido, continuou a seguir o mesmo caminho de antes. O segredo revelado, que ora ele negava, ora admitia com um "sinto muito", representava uma ameaça e levava-o a repetir seu comportamento destrutivo.

Os filhos, agora jovens, sentiam-se abatidos e zangados com o pai, da mesma forma que com a mãe. Tiveram também de conviver com o segredo. Só Deus sabe quais foram as conseqüências perniciosas daquela mentira na vida dos filhos. Só Deus poderia reparar a destruição causada por todos aqueles anos de contradições.

Depois de ter conseguido oficialmente o divórcio, tudo o que minha amiga queria proteger estava em ruínas. Tudo — menos seu relacionamento com Deus.

— Estou recomeçando minha vida, Deborah — ela disse. — Não sei o que terei de enfrentar, mas Deus é fiel.

Ela não tinha emprego e nenhuma perspectiva de trabalho. Abandonara a faculdade logo após o casamento. Depois de casada, nunca trabalhou fora de casa. Dedicou-se inteiramente à vocação que Deus lhe dera como esposa e mãe.

Mais ainda: continuou a ser fiel ao homem com quem se casara, o homem que, no início, seguia a Deus, mas cujo comportamento passou a contrariar cada vez mais os mandamentos de Deus. Agora, depois que a crua verdade havia sido revelada, ela e os filhos precisavam lidar com o contra-senso de terem ajudado a manter o segredo, o contra-senso entre o que o marido parecia ser e o que era, a mentira que destruíra tudo o que ele mais prezava e, acima de tudo, desonrava o Deus a quem ele dizia servir.

— Eu não tenho mágoa nenhuma — ela disse. — Não é estranho? Tive mágoa dele durante anos, mas agora não tenho.

Quase não mencionou mais nada a respeito do que havia sofrido.

Sentada, ouvindo sua história, esforçando-me para saber qual seria a pergunta ou a palavra apropriada para o momento, notei sinais de várias emoções em seu semblante: tensão, alívio, medo, confiança, tristeza. Por mais incrível que possa parecer, não notei raiva nem amargura.

Enquanto ela falava sobre mágoa e esperança, eu me dei conta do grande número de esposas que conviveram com segredos semelhantes. Talvez o marido fosse alcoólatra, mulherengo, homossexual, apreciador de pornografia ou violento. Em qualquer dos casos, ele talvez fingisse ter uma relação correta com Deus, não abandonando, porém, o comportamento destrutivo que envergonhava o nome de Deus. Em qualquer dos casos, a esposa cristã teve de enfrentar um dilema moral: a fidelidade ao marido exige completo silêncio?

Em qualquer dos casos, a esposa ajudou a guardar o segredo até o momento em que a crise levou tudo a perder. Eu gostaria de saber quantas esposas com quem convivo no trabalho, em meu bairro e na igreja continuam a guardar segredos semelhantes, acreditando erroneamente que, se permanecer oculta, a mentira desaparecerá.

Levantamo-nos para sair. Joguei no lixo meu copo de café vazio. Ela jogou o biscoito quase intacto. Abraçamo-nos, e a amiga que eu imaginava conhecer entrou em seu carro e desapareceu na escuridão da noite.

Chorando e orando por minha amiga, entrei também em meu carro e parti. As palavras aos cristãos registradas em Efésios 5.8-11 não me saíam da mente: "Vivam como filhos da luz, pois o fruto da luz consiste em toda bondade, justiça e verdade; e aprendam a discernir o que é agradável ao Senhor. Não participem das obras infrutíferas das trevas; antes, exponham-nas à luz".

É evidente que expor o segredo vergonhoso do cônjuge envolve sofrimento e perda. É evidente que a revelação da verdade deve ser feita de maneira certa, no momento certo e para as pessoas certas. É evidente que a coragem e a benevolência para dar esse passo somente podem vir de Deus.

Ocultar a verdade só ajuda a espalhar o veneno. Ocultar a verdade multiplica o sofrimento e a perda. O processo de cura inicia-se com a confissão da verdade.

Minha amiga tem uma longa estrada para percorrer, mas será bem-sucedida. Ela voltará a sorrir. Sem os grilhões do segredo, ela poderá viver realmente na luz.

Não participem das obras infrutíferas das trevas;
antes, exponham-nas à luz.

EFÉSIOS 5.11

O casaco de muitas listras

Pauline Afman

Uma das bênçãos de ter velhos amigos é poder ser idiota diante deles.

Ralph Waldo Emerson

Em minha casa, o dinheiro sempre foi escasso. Meu marido é pastor de igrejas pequenas há vários anos. Apesar do pouco que ele ganha, sempre sobra algo para a semana seguinte e nunca passamos fome. Por termos seis filhos, aceitamos com gratidão qualquer roupa usada.

Uma amiga ficou sabendo que eu precisava de um casaco de inverno. Um dia, convidou-me para ir a sua casa e contou-me que tinha um casaco perfeito para mim. Pertencera a sua mãe, falecida havia quinze anos. Segurando o casaco com carinho, ela disse suavemente:

— Não fui capaz de me desfazer dele antes, mas sei que você vai gostar de usá-lo. Minha mãe usou-o apenas duas vezes.

À primeira vista, o casaco parecia ideal para mim, mas, quando o experimentei, descobri alguns problemas. Por ter passado muito tempo guardado, o casaco tinha a aparência de velho. O forro, que devia ter sido azul, apresentava listras em tom de roxo desbotado. Estava um pouco apertado no peito e as mangas eram muito curtas, mas ela gostou de vê-lo em meu corpo e ficou muito feliz. Se eu recusasse o casaco, estaria desmerecendo o amor e a generosidade de minha amiga.

Agradeci-lhe sinceramente e levei o casaco para casa, mas nunca me senti confortável dentro dele e detestava todas as vezes que precisava usá-lo. Meus sentimentos eram conflitantes porque sempre ensinei meus filhos a ser gratos ao Senhor por todas as caixas de roupas usadas que recebíamos.

Estando no ministério, eu tentava não reclamar de coisas de que não gostava e não podia mudar. Karen, minha amiga íntima, foi a única com quem me abri por saber que ela não diria uma só palavra a ninguém. Contei-lhe meus verdadeiros sentimentos. Ela ouviu atentamente e pareceu compreender.

Chegou o outono, e com ele, o frio, mas eu insistia em não tirar o casaco do armário. Quando *tive* de usá-lo, abri o armário e não o encontrei! Examinei os outros armários da casa e imaginei que devia tê-lo deixado na igreja. Também não estava lá. Contei a Karen e, mais uma vez, ela foi solidária comigo.

— Não se preocupe — disse. — Vou levá-la a uma loja para comprar um casaco novo para você.

Karen comprou-me um lindo casaco de inverno naquele ano, do tamanho ideal para mim. Foi um presente de amor vindo de uma amiga que se preocupava comigo. De vez em quando eu me lembrava do casaco perdido, mas sentia um certo alívio por não ter de usá-lo novamente. A amiga de quem recebi o casaco perdido já me vira com ele no inverno anterior e, provavelmente, não se preocuparia mais com o assunto. Nunca mais falou dele.

Passados alguns anos, meu marido aceitou o convite para ser pastor de uma igreja em outra cidade. Meu coração ficou dividido; eu sabia que se tratava de um chamado de Deus, mas não queria separar-me de minha querida amiga. Karen e outra amiga convidaram-me para um jantar de despedida em um de nossos restaurantes favoritos. A comida estava deliciosa, mas a surpresa foi melhor ainda.

Com um piscar de olhos, Karen disse:

— Pauline, temos um presente especial para você. Queremos que saiba que a amamos muito.

O presente estava acondicionado em uma caixa *enorme*, e eu não imaginava o que poderia ser. Um pouco constrangida por ter atraído a atenção dos clientes do restaurante, abri a caixa com muito cuidado, levantei a tampa, tirei o papel de seda e... dei um *grito*! Todos olharam para mim, mas eu não me dei conta da situação ao redor. Veja, o casaco perdido estava dentro da caixa!

Em meio a muitas gargalhadas, Karen explicou:

— Eu o peguei quando decidi comprar um casaco novo para você, mas tive um problema. Não sabia o que fazer com o casaco velho. Cheguei a jogá-lo no lixo, mas senti remorso e fui buscá-lo.

Choramos de tanto rir.

Quando saímos do restaurante, eu disse a ela:

— Karen, *não* vou levar este casaco para casa. Você tem de dar um jeito nele.

Imagine minha surpresa quando, meses depois de nossa mudança para a outra cidade, recebi uma carta de Karen. Ao abri-la, encontrei uma nota de cinco dólares e um bilhete com estes dizeres: "Pauline, estes dólares pertencem a você. Promovi um bazar aqui em casa e alguém comprou o casaco!".

Deus jamais abandonou nossa família em momentos de necessidade. No caso do casaco, foi mais um *desejo* que uma *necessidade*. Deus conhecia meu coração e usou minha querida amiga Karen para abençoar-me.

O amigo ama em todos os momentos.

PROVÉRBIOS 17.17

A EXPERIÊNCIA NO "DESERTO"

Bonnie Afman Emmorey

A honra não está em fazer as escolhas certas. Está em saber lidar com as conseqüências.

MIDORI KOTO

Quando Chris e sua família se mudaram para outra cidade, a tristeza tomou conta de mim. Nossos filhos mais velhos tinham a mesma idade, nossos maridos eram bons amigos e a amizade entre nós era muito especial. Agora ela estava a uma distância de quatro horas de carro, e eu sentia sua falta. Não tínhamos escolha. O emprego do marido dela foi o responsável pela mudança de cidade. Mantínhamos contatos freqüentes por telefone, mas não era a mesma coisa.

No verão seguinte, Chris teve uma grande idéia: passaríamos as *férias* juntas! Depois de muito pesquisar, ela encontrou uma casa grande para alugar à beira do lago Michigan. A casa localizava-se perto das Sleeping Bear Dunes, o lugar favorito de nossas famílias, portanto o plano parecia ser ideal. Havia espaço suficiente na casa para as duas famílias, e poderíamos passar bons momentos juntas.

Compartilhamos caminhadas ao longo da praia, douramos marshmallows em fogueiras ao ar livre, nadamos nas águas cristalinas do lago e jogamos cartas até tarde da noite. Poucos dias após o início das férias, decidimos fazer uma excursão durante o dia a uma de nossas dunas prediletas.

Ficar em pé na base da duna é uma experiência incrível — subir por ela é outra completamente diferente! Em meio a muitas risadas, arrastamos uns aos outros e, com palavras de incentivo, conseguimos chegar ao topo. Decidimos, então, fazer uma caminhada por uma trilha de quase cinco quilômetros, com muitas subidas e descidas, passando por várias outras dunas até chegar a uma das extremidades do lago Michigan.

Meus filhos Nathan e Jordan, de 11 e 9 anos, e Luke, filho de Chris, também de 11 anos, correram a nossa frente. Nossos atléticos maridos tiveram dificuldade para acompanhar nossos passos lentos. Logo em seguida, Chris, Neil (o filho de 4 anos de Chris e Arny) e eu ficamos para trás.

Passamos por outras pessoas que voltavam da excursão e elas nos garantiram que o passeio valia a pena. Notei, contudo, uma expressão de surpresa em seus olhos quando viram Neil. Deviam estar pensando que éramos malucas por levar uma criança tão pequena àquele passeio. Chris e eu revezamo-nos para carregar Neil. Às vezes o conduzíamos pela mão ou então o balançávamos entre nós para incentivá-lo a andar. Nossa alegria só não foi completa em razão do sol quente e de uma sede cada vez maior. Ainda continuávamos firmes na intenção de recuperar os meses em que estivemos separadas.

Quando finalmente chegamos ao fim do passeio, estávamos *exaustas*. Com o corpo suado, entramos na água para refrescar o calor. Logo depois, deitamos na areia na tentativa de recobrar as forças para a caminhada de volta pelas subidas e descidas das dunas até chegar ao ponto de partida.

Eu procurava a todo custo imaginar um caminho mais curto. Não podia pensar em uma volta igual à ida. Logo surgiu um plano. Conversei com Chris antes de abordar o assunto com nossos maridos.

— Que tal Ron e Arny voltarem pelo mesmo caminho que viemos e pegarem os carros enquanto seguimos por esta areia encantadora até chegar a um lugar de acesso aos carros?

A idéia fazia muito sentido para mim, e Chris concordou imediatamente. Quando contamos a idéia a nossos maridos, vimos preocupação no semblante deles, mas concordaram com o plano porque viram nossa dificuldade para chegar lá. Nathan, Jordan e Luke também gostaram da idéia e decidiram ficar conosco em vez de acompanhar os pais.

Agora, tínhamos uma dúvida — norte ou sul? Teríamos de adivinhar. Nenhum de nós sabia que caminho escolher, portanto resolvemos seguir na direção sul. Ron e Arny partiram para buscar os carros, e nós iniciamos nossa aventura.

Durante a primeira hora de caminhada, Chris e eu permanecemos lado a lado, apreciando a conversa e a beleza do local. Pouco depois, os três garotos mais velhos apertaram o passo e distanciaram-se muito de nós. O contorno do lago era bastante sinuoso. Pensei em andar mais depressa para não perder os garotos de vista, mas isso significava ter de deixar Chris e o pequenino Neil para trás. À direita, víamos o majestoso lago Michigan; e à esquerda, os imensos penhascos. Não havia mais nada a fazer, senão continuar a andar.

Estávamos completamente despreparadas para aquela experiência. Os raios do sol eram muito fortes e não havíamos levado protetor solar. Também não tínhamos comida nem água, e precisamos beber água do lago quando a sede se intensificou. Nosso pequeno grupo de sobreviventes continuou a caminhada, com Nathan na frente, seguido de Luke e Jordan. A distância entre eles aumentava cada vez mais.

Durante a segunda hora de caminhada passamos pela *duna-monstro*, com quase 140 metros de altura. As pessoas lá no alto gritavam para nós, sem acreditar que estávamos indo em direção a uma praia inacessível, mas quase não conseguíamos ouvi-las. Continuamos a andar.

Em um determinado ponto, diminuí os passos para aguardar Chris e Neil, pensando em oferecer-lhes uma palavra de ânimo. Chris olhou para mim com resignação e desespero e disse:

— Agora sei o que Hagar e Ismael sentiram quando foram enviados para o deserto. Você acha que isto vai dar certo?

Eu não tinha resposta.

Foram necessários mais *onze* quilômetros de caminhada na areia até avistarmos a primeira entrada para a cidade. Nossos maridos preocupados não haviam conseguido chegar a um lugar mais próximo. Quando viram Nathan, Jordan e Luke andando com muita dificuldade na areia, correram felizes ao encontro deles. Chris e eu ainda tínhamos um bom caminho a percorrer pelas areias sinuosas quando avistamos Nathan correndo em nossa direção, com as forças renovadas, para dizer que estávamos perto! Nossa experiência no "deserto" estava chegando ao fim.

Quando finalmente encontramos nossos maridos, havíamos caminhado um total de dezesseis quilômetros. O lado direito de nosso corpo estava queimado pelo sol e a areia produzira bolhas em nossos pés. As crianças — inclusive o pequenino Neil — não necessitaram de tempo para recuperar as forças. Para elas, tudo não passava de uma aventura divertida. Chris e eu, no entanto, estávamos exaustas, mas emocionadas. Afinal, estávamos vivas!

Dias depois, naquela mesma semana, encontramos motivo para rir de tudo o que aconteceu. Depois de consultar um mapa, descobrimos que, se houvéssemos seguido para o norte, e não para o sul, teríamos caminhado apenas um quilômetro e meio até o local de acesso aos carros. Ah, como gostaríamos de ter um mapa em mãos naquele dia e ter tomado a decisão *certa*!

Chris e eu achamos que nossa caminhada pelo "deserto" teve uma aplicação espiritual muito além de nossa experiência de férias. Como mulheres cristãs, nosso mapa é a Palavra de Deus, que necessita ser consultada antes de tomarmos decisões importantes. Aquela não foi apenas uma lição aprendida; passou também a ser tema de uma importante conversa em família.

. . . .

Mostra-me, SENHOR, os teus caminhos.

SALMOS 25.4

Deus ouve... atentamente

Ginger Garrett

. . . .

As comidas suculentas e gordurosas assemelham-se ao destino: também determinam como será nosso fim.

Autor desconhecido

Fui escalada para falar a um grupo de mulheres que eu admirava e amava: as mães de alunos em idade pré-escolar de nossa igreja. Queria contar a elas todas as maravilhas que Deus fez em minha vida, mas queria também que soubessem que sou igual a elas, uma mãe batalhadora e com muitas imperfeições.

Orei com toda a sinceridade: *Querido Deus, vou contar a essas mulheres todas as maravilhas que tens feito por mim. Quero mostrar-lhes, porém, que também sou humana. Quero que vejam minhas imperfeições e saibam que todas as minhas bênçãos provêm de ti. Permite que eu seja transparente com essas mulheres, para que enxerguem minhas imperfeições. Ah, sim, peço-te também mais uma coisa: não tenho tempo para comprar uma roupa nova para comparecer ao evento. Poderias enviar-me imediatamente um catálogo de roupas pelo correio, por favor? Comprarei um conjunto para usar à noite. Obrigada, Senhor. Amém.*

Enquanto estava ajoelhada, ouvi o carteiro entregando minha correspondência. Abri a porta e — louvado seja Deus! —, quando peguei a correspondência, senti o peso de um catálogo entre as pilhas de contas a pagar. Lá estava a resposta a minha oração, para provar que Deus me ouvira atentamente: um catálogo da Frederick's, de Hollywood, oferecendo centenas de modelos de lingerie. Em quase todas as páginas havia uma roupa que me deixaria transparente, e todos poderiam ver minhas imperfeições.

Agora meu marido está muito empolgado com minha vida de oração, mas da próxima vez alguém poderia lembrar-me de orar por minhas pernas?

• •

"Antes de clamarem, eu responderei; ainda não estarão falando, e eu os ouvirei."

Isaías 65.24

Como um vento muito forte

Thelma Wells

Vários anos atrás, fiz um adendo a meu lema pessoal:
Em Cristo você pode ser muito melhor do que imagina.
Incluí o acrônimo "BEES" [abelhas]:

***B**usque o que você tem de melhor.*
***E**steja atenta ao que você é.*
***E**limine os negativos e você terá pleno*
***S**ucesso.*

THELMA WELLS

Tento seguir a vida confiando nas promessas de Deus, para louvá-lo em todas as circunstâncias e permanecer firme em qualquer tempestade — até nas tempestades acompanhadas de tornados.

Em 1998, minha assistente, Pat Mays, e eu estávamos no centro de Nashville, aprontando-nos para passar a noite no 25.º andar do Renaissance Hotel. De repente, ouvimos um som semelhante ao de uma locomotiva tentando entrar em nosso quarto. Imediatamente entendemos que se tratava de um tornado.

Lembrando-me ainda de todo o treinamento que havia recebido nos tempos de estudante no Texas, sabia que o banheiro era o lugar mais estável para buscar proteção. Sem tempo para pensar, corri até o banheiro e escondi-me embaixo da pia. Horrorizadas, sentimos que o prédio começava a balançar. Ouvimos as sirenes e uma voz aflita vinda do sistema interno de comunicação:

— Este não é um treinamento! Fomos atingidos por um tornado! Dirijam-se ao salão de festa imediatamente! Não usem o elevador!

— Precisamos sair daqui, Thelma — disse Pat. — Agora.

Não contestei.

Quando Pat e eu chegamos ao 11.º andar, contudo, eu mal conseguia respirar em razão do esforço empreendido.

— Não vou conseguir descer mais um andar — eu disse. — Vou morrer aqui. Você pode ir.

Pat lançou-me um olhar de "não discuta comigo" e disse:

— Não vou deixá-la sozinha aqui e você não tem escolha. Vamos.

Depois de um rápido descanso, consegui chegar ao 5.º andar. Quando viram meu estado de completa exaustão, dois homens ofereceram-se para carregar-me.

— Vocês querem carregar-me? — perguntei sem poder reprimir o riso. — Não têm filhos? É melhor cuidar deles. Posso cuidar de mim.

Consegui, mas fui a última a chegar ao salão de festa. Quase caindo, procurei desesperadamente por uma cadeira e desabei em cima dela.

Depois de recuperar o fôlego, olhei ao redor. Algumas pessoas falavam ao telefone celular; outras tentavam acalmar-se.

— Preciso de uma bebida — disse um hóspede.

— Preciso de um cigarro! — exclamou outro.

Em breve eu me uni ao coro com "preciso de minha Bíblia" e, sim, eu a carregara comigo enquanto descia as escadas.

Sem nenhum texto em mente, abri a Bíblia no capítulo 4 de Marcos — Jesus acalmando a tempestade no mar da Galiléia. Quando terminei a leitura em voz alta, comecei a orar.

Posteriormente fiquei sabendo que um segundo tornado a caminho de Nashville mudou de direção.

Em Franklin, Tennessee, a oradora de nossa organização Women of Faith, Sheila Walsh, ouviu pela CNN que "pessoas estavam orando no Renaissance Hotel com as mãos erguidas". Em nosso encontro após o tornado, Sheila abraçou-me. Meneando a cabeça, ela disse com seu encantador sotaque escocês:

— Eu sabia que era você, Thelma Wells.

Os conselheiros costumam dizer que as circunstâncias e outras pessoas são "solavancos" em nossa vida. Nossa verdadeira identidade evidencia-se nesses momentos. Nem sempre posso dizer que minhas atitudes quando recebo um solavanco são as que eu gostaria que Jesus visse. Naquela noite, contudo, senti uma satisfação muito grande porque, quando tive de enfrentar uma crise verdadeira — o solavanco de um tornado —, demonstrei fé e confiança. Isso acalmou e animou as outras pessoas, e Cristo foi glorificado.

Abasteça seu cálice com a Palavra de Deus hoje e, quando você sofrer um solavanco, espargirá vida a todos a seu redor.

. . . .

Oro [...] para que vocês sejam cheios de toda a plenitude de Deus. Àquele que é capaz de fazer infinitamente mais do que tudo o que pedimos ou pensamos, de acordo com o seu poder que atua em nós, a ele seja a glória.

Efésios 3.16,19-21

Faixas amarelas

Anne Denmark

A amizade desinteressada é uma das coisas raras e belas da vida.

James Francis Byrnes

O que significavam aqueles sinais amarelos em nossas árvores? Fomos capazes de vê-los a distância enquanto meu marido, Don, e eu nos aproximávamos da rua de nossa casa. Quando chegamos mais perto, vimos que o jardim estava todo pontilhado de amarelo! Assim que atravessamos o portão de entrada, avistamos 400 faixas amarelas em forma de arco, decorando os cedros, as cercas e as treliças da varanda. Uma imensa faixa com os dizeres "Bem-vindos ao lar" pendia da sacada.

Don havia retornado de uma viagem missionária de três meses e meio a um campo de refugiados na Etiópia, um país devastado pela fome. Sua equipe de voluntários prestara assistência médica aos órfãos, enfermos e famintos. Pelo fato de não ter recebido treinamento na área médica, permaneci em casa, administrando sua clínica, cuidando de meu negócio (uma loja de venda de livros e artigos para presente) e de nossos três filhos pequenos, de 8, 4 e 2 anos.

Com o coração jubiloso diante de tal surpresa, eu me perguntei quem teria sido responsável por aquela fantástica explosão de alegria. Não demorei muito para saber que a idéia partira de minha querida amiga Barb, uma pessoa muito criativa. Ela indagou no departamento de polícia onde poderia encontrar a fita larga amarela usada para isolar áreas de acesso restrito a autoridades. Comprou quatro bobinas grandes e dirigiu-se a uma floricultura. Lá, ela contou a idéia à proprietária da loja, Darcy, que imediatamente quis participar da surpresa. Barb disse a ela:

— Tenho todo este dinheiro. Faça o maior número de faixas possível.

Depois de confeccionar 400 faixas, os pulsos de Darcy estavam amortecidos, mas a tarefa foi completada. Barb recrutou um grupo de amigas para trabalhar como se fossem abelhas ajudando a polinizar nosso jardim com as faixas amarelas.

Posteriormente perguntei a Barb o que a levara a fazer tal coisa, e ela respondeu:

— Eu *tinha* de fazer isso. Don esteve ausente por muito tempo e você aguardou sua volta durante vários meses. Quando a idéia me ocorreu, eu simplesmente tive de pô-la em prática.

O presente de Barb foi um verdadeiro ato de amor que prezo até hoje. Teria sido mais fácil para ela sentir uma ponta de inveja. Eu tinha uma linda casa com varandas ao redor, um casamento sólido e respeito público por ser esposa de médico. Barb trabalhava longas horas servindo chá em uma lanchonete, sempre desejando ter um relacionamento mais satisfatório com o marido. Seu coração, no entanto, rejubilou-se com o meu pela volta de meu marido, e a alegria não foi silenciosa. Foi acompanhada de uma extraordinária dedicação de tempo e esforço.

• •

Vários anos depois, enquanto Barb e eu tomávamos café e conversávamos, contei-lhe a difícil novidade: nossa família teria de mudar-se em breve para Oklahoma. Aos poucos, uma nuvem de tristeza e perplexidade tomou conta de seu rosto enquanto eu procurava um jeito de amenizar a realidade da iminente despedida. O silêncio tomou conta de nosso coração, e a sombra em nossos olhos não deixou nenhuma dúvida. Sabíamos que nossa amizade continuaria, mas sabíamos também que jamais seria igual em razão da distância e do passar dos anos.

O dia da mudança chegou rápido. Quando nos preparávamos para deixar a cidade, muitos amigos, inclusive Barb e seu marido, foram despedir-se de nós. Naquele momento de reunião com pessoas tão queridas, formamos um círculo enorme e, de mãos dadas, agradecemos a Deus os amigos e as lembranças.

Três dias depois chegamos à cidade, um lugar totalmente novo para nós, e lá estavam — as mesmas faixas amarelas! Desta vez, penduradas nos carvalhos e nas vigas acima da entrada da casa. Na porta da frente havia um cartaz com estes dizeres: "Bem-vindos ao lar!".

Você já adivinhou! Minha amiga Barb guardara as faixas durante todos aqueles anos e despachou-as dentro de muitas caixas ao escritório de nosso corretor imobiliário em Oklahoma. Quando liguei para Barb para agradecer-lhe as faixas amarelas de saudação, ela disse:

— Sei que essa mudança vai ser ótima para você. Eu só queria dar-lhe as boas-vindas *mais uma vez*.

Que alegria meu coração saudoso sentiu quando percebi que a amizade percorre grandes distâncias. Barb é uma amiga que só deseja o melhor para mim, e a distância entre nós não é muito grande se usarmos a medida do amor.

. . . .

Alegrem-se com os que se alegram; chorem com os que choram.

Romanos 12.15

Em busca da verdade

Cathy Gallagher

. . . .

O Senhor está sempre reivindicando nossa afeição e pensamentos vagos.

John Phillips

Ah, por favor, esteja em casa, pensei quando peguei o telefone e disquei o número dela. Eu queria muito conversar com minha amiga a respeito do livro que acabara de ler.

Enquanto o telefone tocava, lembrei-me das numerosas ligações que fiz a Carol Kent ao longo dos anos. Conheci Carol e Gene, seu marido, vinte e um anos atrás, e tornamo-nos bons amigos. O diálogo nesses telefonemas era sempre o mesmo.

Eu comentava: "Carol, você não vai adivinhar o que descobri". Ela então dizia: "Conte o que foi".

Depois que eu descrevia minha descoberta no livro sobre a Nova Era que lera recentemente, ela dizia: "Cathy, você está sempre *em busca* de novidades".

Para mim, aquilo era um elogio. Eu não estava preparada para entender o que Carol sempre tentou transmitir-me ao longo dos anos — eu estava buscando respostas permanentes em expedientes temporários.

No decorrer dos anos, li pilhas de livros sobre a Nova Era e ouvi outras tantas pilhas de fitas e CDs também sobre a Nova

Era. Procurava orientação no horóscopo semanal, segurança nas conversas de adivinhadores, direção em meu mapa astrológico, sabedoria no tarô e na numerologia, conhecimento na psicologia e paz nas práticas espirituais indianas. Esses conselhos, porém, não duravam muito.

Quando Carol atendeu o telefone, meus pensamentos voltaram ao momento presente. Nossa conversa começou como sempre:

— Carol, você não vai adivinhar o que descobri.

— Conte o que foi — ela disse, com esperança na voz.

— Você se lembra da decisão que tomei no ano-novo de estar em forma em meu 50.º aniversário, quando prometi me exercitar e fazer uma boa dieta porque a vida seria melhor se eu tivesse uma boa aparência? — perguntei.

Carol confirmou.

— Fui ao shopping para comprar um aparelho de exercícios e um livro sobre esteira rolante. Vi uma livraria cristã perto da loja de artigos esportivos e resolvi dar uma espiada. Fiquei impressionada com a quantidade de Bíblias de todas as versões, cores, tamanhos e preços. Estava prestes a sair da loja quando pensei: *O livro mais importante que já foi escrito é a Bíblia*. Naquele instante, uma Bíblia chamou-me a atenção. Tirei-a da prateleira e abri-a. Li um versículo e a explicação sobre como ele se aplicava a mim. Comprei a Bíblia.

— Cathy, você comprou uma *Bíblia*? *Leu*-a? — Carol perguntou.

— Claro que li. De capa a capa. Depois disso lembrei que, quando tinha 16 anos, pedi a Jesus que entrasse em meu coração para ser o Senhor e o condutor de minha vida. Envergonhada por ter confiado naquelas coisas da Nova Era durante tantos anos, orei pedindo perdão a Deus e consagrei novamente minha vida a Jesus.

— Ah, Cathy, faz vinte e um anos que Gene e eu vínhamos orando para que você tivesse um encontro com Jesus! Eu já estava começando a duvidar — Carol admitiu.

Em seguida, perguntou-me: — O que você fez com todos aqueles livros e fitas sobre a Nova Era?

— Joguei tudo fora! Quatro caixas! Até agora não consigo acreditar como pude esbanjar tanto tempo e dinheiro naquelas coisas.

Antes de nos despedirmos, Carol e eu louvamos a Deus por ter transformado meu ideal de estar em boa forma física no ideal de uma vida espiritual consagrada. Agradecemos a Deus a resposta às orações de Carol ao longo de vinte e um anos e alegramo-nos porque, com quase 50 anos de idade, eu havia encontrado Jesus, a única fonte verdadeira de respostas e conselhos permanentes.

. . . .

Cria em mim um coração puro, ó Deus, e renova dentro de mim um espírito estável. Devolve-me a alegria da tua salvação e sustenta-me com um espírito pronto a obedecer.

Salmos 51.10,12

Novos começos

Margaret K. Becker

A aposentadoria pode ser uma catástrofe ou um começo, uma cadeira de balanço ou uma plataforma de lançamento de foguetes.

Lloyd Cory, "Quotable Quotes"

A espada de Dâmocles[a], dependurada acima de minha cabeça, estava prestes a cair: a data da aposentadoria precoce de meu marido havia sido marcada para 1.º de maio. Faltavam apenas cinco meses para o dia da grande festa. Sentada diante de minha mesa, eu sofria ao pensar nas mudanças projetadas em minha vida.

Enquanto escrevia em meu diário, as palavras *estou com medo* piscavam em vermelho. Eu reconhecia que a raiz do problema estava dentro de mim — o medo da mudança. Continuei a escrever: "Gosto de minha vida como ela é, gosto de minha rotina. O que acontecerá com minha vida social, meu ministério, minha tranqüilidade?". Todos os pensamentos concentravam-se em *mim* e no efeito negativo que a aposentadoria de meu marido teria sobre minha vida.

[a]Cortesão de Dionísio, tirano de Siracusa. Ao tomar conhecimento da inveja de Dâmocles, Dionísio obrigou-o a sentar em seu trono sobre o qual mandou dependurar uma espada, para fazê-lo compreender a instabilidade e as preocupações do poder [N. do T.].

Lembrei-me da promessa que Deus me fizera meses antes, quando o assunto da aposentadoria veio à tona. *Eu cuidarei de sua aposentadoria.*

Minha aposentadoria? Não! Quem se estava aposentando era Ray!

Ah, sim, sua também — você e Ray são um em mim. A voz de Deus era clara demais, como se ele estivesse sentado à mesa da cozinha, de frente para mim.

No ano-novo, eu estava confusa e desesperada. A TV transmitia um jogo de futebol após outro. O almoço já terminara e em breve chegaria a hora do jantar. Pensei: *É isto o que me espera?*.

A temperatura de 15ºC convidava-me a sair de casa. Para afastar a frustração, decidi arrancar as ervas daninhas do canteiro de flores. Chorando e com a vista embaçada pelas lágrimas, mergulhei na autopiedade. *Não vou conseguir, Senhor.*

Deus falou a meu coração. *Margaret, mude de atitude!*

Vou tentar, Senhor, mas preciso de sua ajuda.

. . . .

Deus respondeu à oração ao revelar meu egoísmo. E quanto aos planos de Ray para o futuro e os planos de Deus para a vida dele? Eu precisava entender que Deus estava no controle! Queria dizer: *Receberei com alegria, Senhor, tudo o que estiver reservado para mim.* Tratava-se, porém, de um desafio. Meu espírito estava pronto, mas a carne era fraca.

As mensagens recebidas nos trinta dias seguintes foram audíveis e claras. Deus me falou por meio de sua Palavra: *Confie em mim e não se apóie em seu próprio entendimento* (cf. Pv 3.5). Li, em seguida, um livro sobre a maneira pela qual Deus usa a aposentadoria como tempo de reflexão e mudança. Vários artigos publicados em revistas ressaltavam que grande parte do crescimento pessoal e espiritual inicia-se com uma mudança. Aos poucos, minha atitude transformou-se: passei a aguardar com ansiedade o dia de *nossa* aposentadoria.

O primeiro ano foi o mais difícil — aprendendo a viver juntos vinte e quatro horas por dia. Algumas atividades permaneceram constantes: minhas reuniões matinais de oração e testemunho às segundas-feiras e cultos noturnos na igreja às quartas-feiras. Outras atividades foram modificadas: almoços freqüentes com amigas, momentos de lazer em shoppings e conversas muito demoradas ao telefone.

Redigir textos criativos foi uma nova válvula de escape para mim. A alegria de ver meu nome impresso como autora deixou-me empolgada.

A aventura de Ray na arte de vidros coloridos e no trabalho em madeira transformou-se em um pequeno negócio de família. Juntos, comprávamos materiais, escolhíamos modelos e combinações de cores e participávamos de feiras de arte e artesanato. Formamos uma equipe: o artesão-mestre e a supervendedora!

Pela fé Abrão deixou Harã e fez uma jornada rumo à desconhecida terra de Canaã. Pela fé eu fiz uma jornada rumo à desconhecida terra da aposentadoria. Deus cumpriu suas promessas a Abrão e a mim. Abrão tornou-se Abraão, o pai de muitas nações, e eu me tornei uma aposentada satisfeita com os planos de Deus e autora de muitas palavras escritas para ele.

Mudança e amadurecimento fazem parte do plano de Deus para nós e para toda a criação. Lutar contra mudanças é lutar contra Deus. Aceitar mudanças significa confiar no Senhor. Ele abre um caminho onde parece não haver nenhum.

. . . .

Por que você está assim tão triste, ó minha alma? Por que está assim tão perturbada dentro de mim? Ponha a sua esperança em Deus! Pois ainda o louvarei; ele é o meu Salvador e o meu Deus.

SALMOS 42.11

O beijo de chicle de bola

Karen Coy

. . . .

Deus segue diligentemente atrás de nós sem nos apressar.
Ele fala conosco e diz que, sem ele, jamais seremos completas.
Deus não diz apenas: "Eu a amo". Ele nos mostra
constantemente a intensidade desse amor.

Jan Johnson

Dentro da banheira com água quente, eu sentia lágrimas correndo pelo rosto. Com o olhar fixo nas imensas janelas do hotel, eu mal conseguia enxergar as majestosas montanhas do Colorado. Esperava que, caso alguém passasse do outro lado do boxe de vidro, confundisse as lágrimas com gotas de água clorada espirradas em meu rosto. Nunca me sentira tão abandonada.

Um ano antes, um relacionamento que eu esperava terminar em casamento simplesmente se rompeu. Passei o ano tentando recuperar-me do golpe de ver desmantelar-se diante de mim o caminho que eu traçara para minha vida. Naquele período, vi minhas amigas, uma após outra, marcando a data do casamento. Quando elas conversavam animadamente comigo a respeito de seus planos, eu esperava que não notassem meu sofrimento. Todos os dias eu ruminava as lembranças daquele relacionamento desfeito. Um ano de rancores. Um ano de mágoas indescritíveis.

A notícia recebida pouco antes de minha partida para esta viagem de negócios ao Colorado não me saía da cabeça. Tomei conhecimento do iminente casamento de meu ex-namorado e, francamente, estava zangada. Era eu quem deveria ter direito a uma vida feliz — não ele. Não era justo! Para piorar as coisas, tudo em minha vida parecia estar desmoronando. Enfrentava problemas financeiros e faltava estabilidade a minha carreira. Eu parecia estar prestes a sofrer um acidente na estrada da vida, e Deus devia estar dormindo ao volante.

Apesar de minha perspectiva desalentadora, eu não queria prejudicar o fim de semana que planejara para minha viagem. Na tentativa de salvar o dia, forcei-me a ir a Breckenridge, uma cidade turística. Cheguei no meio do desfile do Memorial Day. A sensação era de completo abandono ao ver os carros do desfile repletos de crianças sorridentes acenando para seus pais orgulhosos. Felizes, elas atiravam guloseimas para o público, e as crianças à beira da calçada disputavam entre si os doces e chicles de bola.

Percebi, de repente, que gostaria muito de poder pegar um daqueles chicles de bola. Resisti, porém, ao impulso, pois sabia que teria de ficar de quatro no chão e correr o risco de derrubar alguma criança. O desejo, contudo, persistia. "Não seja ridícula", ralhei comigo mesma. "Você é adulta. Esqueça essa bobagem de chicle de bola." Sentindo-me um tanto idiota diante daquela obsessão sem precedentes, tive de dar-me por vencida quando o desfile terminou e eu continuei de mãos vazias.

Caminhei vagarosamente até meu carro estacionado no local para onde afluíam os carros do desfile. No momento em que coloquei a mão na maçaneta, ouvi uma voz do outro lado do estacionamento gritar em minha direção:

— Ei, senhora!

Virei a cabeça e avistei um garoto de cerca de 12 anos dentro de um dos carros, acenando freneticamente para mim. Olhei ao redor e, ao ver que não havia outra "senhora" além de mim, concluí que o garoto queria falar comigo.

— Ei, senhora! — ele gritou novamente. — Quer um chicle de bola?

Completamente aturdida, fiz um movimento afirmativo com a cabeça e consegui gritar um "Quero!". Como em câmera lenta, o garoto girou o braço e atirou o chicle de bola em minha direção, de uma distância de mais de vinte metros. Apesar de não ser jogadora de beisebol, estiquei o braço e peguei a guloseima no ar com muita eficiência.

Olhei para o chicle de bola na palma de minha mão como se fosse um tesouro. Sorri, entendendo que aquilo poderia ser simplesmente um final feliz a um pedido de chicle de bola feito por uma mulher. No entanto, eu sabia que não era apenas isso. Quase fui capaz de ouvir a voz de Deus dizendo: "Karen, eu não estava dormindo ao volante. Conheço suas necessidades e cuido delas — até de algo tão insignificante como um chicle de bola. Se eu cuido de coisas tão pequenas, pense em quanto eu me preocupo com coisas grandes".

Ao desembrulhar o chicle de bola e colocá-lo na boca, senti como se Deus estivesse assegurando-me, com muito carinho, que ele estava no controle e, em seu tempo, supriria todas as minhas necessidades.

• •

Isso ocorreu há dez anos. Hoje sou uma mulher feliz, casada com um homem maravilhoso, mas ainda guardo a embalagem daquele chicle de bola. Todas as vezes que a vejo, penso em jogá-la fora. Afinal, será que necessito de uma embalagem amassada para me lembrar de que Deus cuida de cada fio de cabelo meu? A verdade, porém, é esta: às vezes *necessito* desse lembrete tangível. Sempre que pego este meu tesouro, sorrio e penso no dia em que Deus me deu um "beijo de chicle de bola".

"Portanto eu lhes digo: Não se preocupem com sua própria vida, quanto ao que comer ou beber; nem com seu próprio corpo, quanto ao que vestir. Não é a vida mais importante que a comida, e o corpo mais importante que a roupa? Observem as aves do céu: não semeiam nem colhem nem armazenam em celeiros; contudo, o Pai celestial as alimenta. Não têm vocês muito mais valor do que elas?"

MATEUS 6.25,26

Conexões além-mar

Laurie Winslow Sargent

Queridos amigos, unidos pelo amor cristão, nossos corações se entrelaçam em doce união. Sua amizade é preciosa, mais que tudo nesta vida, Mas é chegada a hora de nossa despedida. Será grande a distância que nos vai separar, E suas doces palavras no coração vou gravar. Sua amável companhia e terna afeição soarão como música suave em meu coração.

John Blain, escritor de hinos, nascido nos Estados Unidos no século 18

Eu queria muito manter contato com minhas amigas nos Estados Unidos.

Fazia um ano que meu marido, Gordy, nossos filhos e eu morávamos em Haugesund, na Noruega. Nossa mudança foi uma atitude arrojada quando Gordy aceitou ser transferido para a Noruega em razão de uma proposta feita pela empresa em que ele trabalhava.

Gostávamos muito do país e das amizades que fizemos, mas eu estava cansada de ter de falar outra língua todos os dias, cansada de calcular o tamanho das meias no sistema métrico, cansada de precisar traduzir os boletins escolares, palavra... por... palavra, com a ajuda de um dicionário norueguês-inglês. E constrangida porque meu pequeno conhecimento da gramática norueguesa provocava risos nos amigos de meu filho. E frustrada por não ser capaz de entender as palavras pronunciadas no rádio com tanta rapidez.

Como eu gostaria de ouvir um cumprimento carinhoso de alguém de meu país, em minha amada língua *inglesa*! Só então me dei conta da saudade que os estrangeiros nos Estados Unidos deviam sentir de sua língua natal.

Apesar do avanço da tecnologia, telefonar para os Estados Unidos não era tarefa fácil em razão das nove horas de diferença entre os dois países, provocadas por vários fusos horários. Com isso, restava-nos apenas um pequeno período de três horas em que minhas amigas e eu, separadas pelo Oceano Atlântico, estaríamos em casa *e* acordadas ao mesmo tempo. Além disso, ao custo de um dólar por minuto, uma conversa animada de vinte minutos significava 20 dólares a menos para comprar *kjott* (carne). Eu não podia dar-me ao luxo de fazer uma ligação telefônica *só* para afastar a solidão. Paciência!

Um domingo à tarde, o nome de minha amiga Bette veio-me à lembrança. Curiosamente, senti um desejo forte de ligar para ela. Não conversávamos desde que parti dos Estados Unidos, e uma ponta de culpa atormentava-me. Evidentemente, eu tinha muitas desculpas para apresentar: precisava cuidar de Elisa, minha filha bebê, e também de Aimee e Tyler, de 6 e 11 anos, respectivamente. Estávamos também tentando superar o grave acidente sofrido por Gordy no trabalho, cerca de um mês antes, que o levou a ficar hospitalizado em razão de queimaduras no corpo.

Bette, no entanto, encontrava-se doente em estado terminal quando conversamos pela última vez. Por que eu não havia ligado antes?

De repente receei ter perdido a última oportunidade de falar com ela. Lembrei-me com carinho de Bette quando ela dizia com muito entusiasmo: "Aconteça o que acontecer, voltaremos a ver-nos novamente: aqui, lá ou no ar!". Eu esperava que ainda fosse aqui. Ou lá. Senti que devia ligar, mesmo que fosse para conversar com um marido enlutado.

No entanto, quando deveria ligar? Na Noruega, 21h30 significavam pouco mais de meio-dia em Kennewick, em Washington. Será que os encontraria nesse horário, talvez de volta do culto da igreja?

Eu também queria muito ligar para minha amiga Joanne, em Redmond, em Washington, mas por motivos estritamente egoístas. Para queixar-me um pouco. Rir um pouco. Conversar sobre tudo e nada em particular. No entanto, não poderia justificar a despesa de duas ligações telefônicas. Havíamos conversado pouco tempo antes, quando Gordy sofrera o acidente, e sua recuperação estava sendo excelente. Não, eu teria de escolher. Bette e Joe, seu marido, eram mais importantes que minha necessidade de extravasar sentimentos.

Naquela tarde e princípio de noite, andei de um lado para o outro o tempo todo. Gordy e as crianças já se haviam recolhido. Eu também estava com sono. Quando, porém, o relógio bateu meia hora, peguei o telefone e disquei a longa série de números.

— Alô! — disse uma voz do outro lado da linha. A ligação estava perfeita, como se eu estivesse conversando com alguém no cômodo ao lado.

— É Laurie, ligando da Noruega! — exclamei.

De repente ouvi uma explosão de risos e gritos de "Não é possível!" e "Louvado seja Deus!". Alguém ligou o sistema viva-voz. Foi uma emoção enorme ouvir um coral de vozes incentivadoras. De Joe. De Sylvia, nossa amiga de longa data que viajara de avião da Pensilvânia para visitar o casal no fim de semana. E de Bette!

Sim, ela continuava enferma, mas seu entusiasmo e fé transmitiram-me ânimo. Logo a seguir, também ouvi... *o quê? quem?*

Joanne!? E Chuck, marido dela! Eles moravam em outra cidade a duas horas de distância! O que estariam fazendo lá?

Eufóricos, contaram-me que resolveram passar o fim de semana com Bette para orar juntos. No instante em que fizeram um círculo de mãos dadas — acredite, para orar por *nossa* família e Gordy em particular —, o telefone tocou. Bette disse que quase não atenderam. Eles costumavam desligar a campainha do telefone na hora da oração.

Pediram-me que participasse da oração por meio do sistema viva-voz. Fechei os olhos. Enquanto elevávamos nossas preocupações e gratidão a Deus, senti como se estivesse naquela sala, lado a lado com todos eles, e não a meio mundo de distância.

É maravilhoso como Deus cuida de nós e valoriza nossas amizades! Liguei para oferecer consolo a uma amiga, mas meu Senhor sabia que *eu* também necessitava de consolo. Antes que eu sentisse a premência de ligar para Bette, Deus antecipou-se a mim. Colocou no coração de Joanne e Chuck o desejo de entrar no carro; no coração de Sylvia, o desejo de pegar um avião — todos unidos em torno de Bette.

Deus deve ter rido de minha relutância em ligar para uma amiga apenas, por causa da despesa. Imagino que ele deva ter esfregado as mãos de alegria no instante em que peguei o telefone para discar o número de Bette, porque *ele* sabia que, naquele exato momento, cinco amigos — de três cidades diferentes — estariam orando juntos por mim e por minha família, do outro lado do mundo. Meu Deus grandioso planejou conceder-me *cinco* bênçãos pelo preço de uma.

• •

"O próprio SENHOR irá à sua frente e estará com você; ele nunca o deixará, nunca o abandonará. Não tenha medo! Não desanime!"

DEUTERONÔMIO 31.8

Legado de asas

Cynthia Reynolds

Ele comeu e bebeu as preciosas palavras,
Seu espírito robusteceu-se,
Não sabia que era pobre,
Nem que sua estrutura era pó.
Ele dançou por caminhos sombrios
E aquele legado de asas
Era apenas um livro. Que liberdade
Um espírito desprendido traz!

Emily Dickinson

Espiei o quarto de minha filha Jessica pela fresta da porta. Ela estava deitada, com o corpo curvado e um livro na mão.

— O que você está lendo, querida?

Ela olhou para mim com um sorriso astuto e respondeu:

— *Ana dos cabelos ruivos*.[a]

Meu coração alegrou-se, e lágrimas inesperadas vieram-me aos olhos.

Em cada gravidez fui forçada a passar um período de repouso no leito. Quando engravidei de Jessica, o médico recomendou-me repouso *absoluto*, e aquilo me deixou muito assustada. Após dois abortos espontâneos, eu não podia correr riscos. Permaneci

[a]Título do original em inglês: *Anne of Green Gables*. Livro de Literatura Juvenil, autora Lucy Maud Montgomery [N. do T.].

deitada, tensa e aflita, com pensamentos girando na cabeça: *Posso caminhar até o banheiro? Devo ficar deitada de costas sem nada para apoiar a cabeça ou posso usar um travesseiro?*.

Uma amiga ligou-me para transmitir ânimo e disse uma verdade bem simples:

— Você está fazendo tudo o que pode. Preocupações não ajudam. Só atrapalham.

Tranqüilizei-me um pouco. Minha amiga prosseguiu:

— Você tem uma boa quantidade de livros infantis?

Pensei que ela estivesse falando de livros como *Pat, a coelhinha*, que eu comprara para meu futuro bebê. Antes, porém, que eu tivesse tempo de responder, ela foi direto ao assunto.

— Estou falando de *Ana dos cabelos ruivos*, *Tesouros na neve*[b], *Cinco crianças e um segredo*[c]. Livros infantis.

Eu nunca tinha ouvido falar desses livros, apesar de gostar muito de ler quando era jovem.

— Não — admiti.

— Peça a seu marido que vá à biblioteca e retire esses livros. É um bom começo. Você tem lápis e papel por perto?

Anotei rapidamente os títulos e os nomes dos autores.

Quando meu marido chegou em casa, cumprimentei-o com entusiasmo. Em seguida entreguei-lhe a lista como se fosse uma receita médica e disse:

— Vá. Vá buscar agora estes livros, por favor.

Senti uma necessidade urgente de ter os livros em mãos, como se a leitura deles fosse um excelente medicamento.

De certa maneira, foi. Quando meu marido voltou com os livros, mergulhei na leitura e, daquele momento em diante, deixei de preocupar-me com a instabilidade de minha gravidez. Entrei em um

[b]Idem: *Treasures in the Snow*, autora Amanda Wallwore [N. do T.].
[c]Idem: *Five Children and It*, autora Edith Nesbit [N. do T.].

novo mundo e imergi na triste infância de Anne e seu otimismo, na dureza do coração de Annette e na maneira milagrosa com que se derreteu, e encantei-me com as crianças que encontraram uma fada de areia e aprenderam que devemos levar a sério nossos desejos.

Deus usou os dons criativos de outras pessoas para abençoar meu coração, minha mente e, acima de tudo, meu corpo e a criaturinha em meu útero, lutando pela vida. Usou aquelas histórias para ligar minha imaginação a propósitos mais nobres e afastá-la do medo. Outros livros poderiam ter produzido o mesmo efeito, talvez livros para adultos. No entanto, as verdades simples das quais fui lembrada através daqueles clássicos tão bem-escritos acalmaram-me, encheram-me de esperança e alegria e concentraram meus pensamentos.

Hoje, dez anos depois, em pé à porta do quarto, vi minha filha lendo um daqueles livros que tanto me confortaram quando ela se desenvolvia em meu útero.

— É um de meus livros favoritos, mãe — ela disse com um sorriso.

O zelo de Deus por nós de maneira tão abundante e significativa nunca foi tão evidente para mim quanto naquele momento.

Muitas vezes, quando uma amiga necessita de conselho, eu lhe entrego um livro.

— Comece por este — digo, sabendo que ela receberá o conforto profundo e permanente de Deus... talvez para as gerações seguintes.

• •

Finalmente, irmãos, tudo o que for verdadeiro, tudo o que for nobre, tudo o que for correto, tudo o que for puro, tudo o que for amável, tudo o que for de boa fama, se houver algo de excelente ou digno de louvor, pensem nessas coisas.

Filipenses 4.8

Com 1,80 m de altura — e careca!

Eva Marie Everson

A risada é a distância mais curta entre duas pessoas.

Victor Borge

— Você gostaria de almoçar comigo? — perguntou minha amiga Deb. — Vou visitar sua região na quinta-feira e pensei em passar alguns bons momentos em sua companhia.

Apesar de Deb e eu morarmos na mesma cidade, a distância entre nós era de quarenta e cinco minutos de carro. Parecia que estávamos sempre à procura de desculpas para "ficar juntas".

— Eu adoraria — respondi.

— Antes, porém, quero preveni-la de que está muito quente para eu usar peruca. Espero que não se importe de ser vista na companhia de uma mulher careca.

Minha corajosa amiga estava enfrentando uma batalha bem-sucedida contra o câncer. O único efeito visível da quimioterapia foi a perda total dos cabelos.

— Claro que não — eu disse.

Alguns dias depois eu estava sentada à mesa de um restaurante, de frente para Deb, conversando sobre nós, nossas famílias e nosso trabalho. Sentada com o corpo ereto e as luzes refletindo sobre sua cabeça, ela não se importava com os olhares curiosos das outras pessoas.

— Estou determinada a atravessar esta fase com dignidade e humor — Deb contou-me. — Até agora... tudo bem.

— Com licença — disse a garçonete, em pé do outro lado da mesa, olhando para Deb —, peço desculpas por perguntar, mas a senhora tem câncer? Está fazendo quimioterapia?

— Sim, estou.

— A senhora não se importaria de ir ao salão de beleza de um shopping aqui perto?

Nossa expressão foi de espanto. *Fazer o quê?*

— Minha amiga, a proprietária do salão, acaba de saber que tem câncer... e não está sabendo lidar com a situação.

Deb sorriu. — Pois não! Será um prazer!

— Sei que a senhora não a conhece — prosseguiu a garçonete.

— Eu sempre digo que não há pessoas estranhas neste mundo, apenas novos amigos que ainda não conheci — Deb contra-argumentou. — Não se preocupe. Deixe comigo.

Uma hora mais tarde, acompanhei Deb, uma mulher de quase 1,80 m de altura e completamente careca. Entramos no salão.

— Vim fazer uma permanente — ela disse, atraindo olhares de curiosidade. Em seguida riu. — Gostaria de falar com a proprietária, por favor.

Uma mulher de estatura pequena e cabelos escuros aproximou-se.

— Sou a proprietária. Em que posso ajudá-la?

Deb perguntou se havia um lugar onde pudessem conversar.

— Há uma sala reservada aqui?

Percebi o nervosismo da mulher. Por que uma senhora careca haveria de querer falar com a proprietária de um pequeno salão de beleza? Para comprar uma peruca? Melhor que não fosse para reclamar de algum produto para cabelo...

— Claro — ela disse, conduzindo-nos para os fundos, onde havia pilhas de papéis, caixas de xampus e condicionadores e uma mesa pequena com algumas cadeiras. — Aqui está bem?

Sentamo-nos, e Deb foi direto ao assunto.

— Sua amiga do Gleason's Restaurant pediu-me que viesse até aqui para conversarmos. Eu tenho câncer.

No crachá da proprietária lia-se o nome "Maria"[a]. Ela se sentou.

— Acabei de saber que também tenho.

— Eu sei — disse Deb com firmeza na voz. — Quero conversar com você sobre esse assunto.

Na meia hora seguinte, Deb contou sua história e respondeu às perguntas de Maria. Os ombros de Maria — tensos quando ela se sentou — começaram a descontrair-se. Em nenhum instante Maria riu das anedotas de Deb e dos momentos cômicos pelos quais passou ao enfrentar a doença. Por fim, Deb perguntou:

— Podemos orar com você?

Maria consentiu. — Por favor.

Oramos juntas e voltamos para o salão depois de passar por caixas de produtos e um largo corredor entre pias e cadeiras. Todos os olhos estavam cravados em nós, indagando: *O que havia de tão engraçado lá nos fundos?*.

Quando estávamos perto da porta de saída, ela foi aberta com força e um ilustre cavalheiro entrou no salão. Depois de olhar para Deb, ele parou.

— Se eu fosse o senhor, daria meia-volta — disse Deb bem alto, para que todos ouvissem. — Quando entrei aqui, tinha

[a] Nome fictício.

cabelos compridos. Eu só pedi para aparar as pontas! — Ela passou as mãos pela cabeça lisa, brilhando.

— *O quê?* — resmungou o homem desajeitadamente.

— É sério — Deb respondeu, com firmeza e sem piscar.

— Ei — Maria gritou atrás de nós, rindo —, assim você vai afugentar todos os meus clientes.

Deb olhou por cima dos ombros e sorriu. Em seguida, virou-se para o homem:

— Estou brincando — disse, rindo. — Eu tenho câncer.

Quando entregamos nossos problemas a Deus, ele transforma nossa tristeza em riso, mesmo que signifique ter de enviar uma mulher careca a um salão de beleza.

. . . .

"Deus me encheu de riso, e todos os que souberem disso rirão comigo."

GÊNESIS 21.6

Caixas de tesouro

Jeanne Zornes

. . . .

Em tempos de grandes dificuldades, de terríveis provações, de intensa pobreza e necessidade, ele nunca me abandonou; sempre veio em meu socorro porque me concedeu a graça de confiar nele. Sinto imensa alegria em exaltar seu nome.

George Mueller

— Correspondência para você — eu disse a minha filha no momento em que fui buscá-la no colégio naquele dia nublado de dezembro. Ela cursava o ensino médio e receberia o diploma dali a seis meses. As decisões referentes a seu ingresso na faculdade pesavam sobre nós.

— Deve ser outra carta do tipo "sinto muito" — ela disse, passando o polegar pelo selo do envelope que eu levara. O remetente era uma universidade em que ela se habilitara para receber uma bolsa de estudos de valor muito alto.

Prendi a respiração, temendo ouvir a notícia.

Havíamos chegado, alguns meses antes, à época das preocupações com despesas de faculdade. Meu filho, um ano adiante dela na escola, acabara de ingressar na faculdade a três quarteirões de casa, onde cursaria apenas os dois primeiros anos. A bolsa de estudos cobria suas despesas, mas ele teria de concluir o curso de engenharia em uma universidade especializada. Para os estudos de violino de nossa filha, teríamos de recorrer a outro lugar — mas qual?

Dois filhos na faculdade, sustentados com os ganhos de meu marido, um professor aposentado. Uma equação impossível. Após ter completado trinta e um anos de trabalho, ele foi forçado por lei a aposentar-se. Agora, como professor substituto, recebia menos da metade de seu antigo salário. Eu trabalhava fora, mas tinha de cuidar de minha sogra idosa, que lutava contra o câncer. Nossa contribuição para a obra de Deus continuava a ser prioridade. Aprendemos a viver com o estritamente necessário, abrindo nossa garagem para vender objetos e roupas usadas e recortando cupons de desconto nas lojas. Nossa casa era pequena e dirigíamos carros velhos. Meus filhos e eu percorríamos longos trechos a pé para economizar um pouco de "dinheiro para o lazer".

Embora eu tentasse demonstrar contentamento, parte de meu coração ressentia-se diante das constantes pressões financeiras. Pensando no aumento das despesas de faculdade que teríamos pela frente, eu perguntava ao Senhor: *O que vamos fazer?*.

De repente surgiu uma grande oportunidade para nossa filha. A comunidade em que morávamos sempre escolhia uma rainha para o grande festival da primavera. A coroa de rainha, com pedras falsas de brilhante, era acompanhada de uma bolsa de estudos de 5 mil dólares. O sonho de Cinderela, porém, tinha um preço: um número exaustivo de 200 apresentações, inclusive vários desfiles fora da cidade. Para minha filha, isso prejudicaria seus sonhos de diplomar-se com nota média de 4,0, tão difícil de ser alcançada, de atuar como capitã da equipe de golfe e de tocar violino no concerto da primavera.

Apesar de lhe ter dito que respeitava sua decisão, forcei um pouco, imaginando estar dando uma ajuda a Deus. Minha filha já tinha compromissos de sobra para assumir outros — mesmo com o risco de perder a bolsa de estudos. Notei uma crescente mudança de humor e incerteza em minha filha enquanto ela e eu orávamos. Finalmente, chegou o dia da decisão. Para competir, ela teria de participar de uma reunião naquela tarde.

Qual será a decisão dela? Qual é a tua decisão, Senhor? Dentro do carro naquela tarde chuvosa de novembro, as dúvidas remoíam dentro de mim enquanto eu aguardava minha filha. Ela chegou, atirou a mochila e o violino no banco traseiro e sentou-se a meu lado, olhando firme para a frente. Vi lágrimas correndo por seu rosto enquanto ela me dizia:

— Não é possível. Não vai dar. Vamos para casa. Tenho muita lição para fazer esta noite.

Voltamos ao ponto inicial de tentar conseguir outras bolsas de estudos, na esperança de que algumas cobrissem parte do curso na faculdade que ela ingressasse. Meses antes, a diretora do colégio havia escolhido minha filha para concorrer a uma bolsa de estudos completa em uma universidade estadual. Dentre as centenas de alunos de primeira linha, somente 25 seriam escolhidos, com base no rendimento escolar e capacidade de liderança. Ela, porém, nunca havia participado de uma agremiação colegial. Suas possibilidades eram tão remotas quanto pousar em Plutão.

Assim, duas semanas depois de minha filha ter desistido de concorrer ao título de rainha da primavera, o imponente envelope da faculdade chegou a nossa casa. Fiquei em dúvida. Deveria deixá-lo em sua cama, para que ela tomasse conhecimento da má notícia sozinha? Ou deveria levá-lo quando fosse buscá-la na escola? Decidi levá-lo.

— Deve ser mais uma decepção — ela murmurou, tirando a carta de dentro do envelope enquanto eu dirigia o carro para fora do estacionamento.

— Mãe! — ela exclamou. — Consegui uma *bolsa completa*! Despesas da faculdade e alojamento, no valor de 14 mil dólares por ano, renováveis nos quatro anos se minha nota média for 3,5!

De repente, esqueci-me de que estava dirigindo o carro! Só consegui dizer: "Louvado seja Deus", uma vez atrás da outra.

Três meses depois, nosso filho ganhou uma generosa bolsa de estudos na mesma universidade, que cobria as despesas escolares. As despesas de alojamento continuariam sendo nossa responsabilidade, mas Deus havia nos falado por meio dessas bolsas de estudo. Precisávamos confiar que Deus nos enviaria o restante das caixas de tesouro do céu, de acordo com seus desígnios.

Viver para o Senhor sempre foi muito simples quando as despesas não eram tão altas. Deus, porém, usou uma dificuldade financeira para lembrar-me de que seu planejamento está acima de todas as coisas. Quando contrariou meus planos, ele tinha em mente algo muito melhor para mim. Supriu nossas necessidades e intensificou minha fé.

Quem necessita de uma coroa com pedras falsas de brilhante se temos como Pai o Rei do céu?

Muitos são os planos no coração do homem, mas o que prevalece é o propósito do Senhor.

Provérbios 19.21

"É POSSÍVEL ACONTECER ALGO BOM ÀS 5H30 NO AEROPORTO?"

Lucinda Secrest McDowell

Quando Deus fecha uma porta, geralmente abre uma janela.

ANÔNIMO

Eu não poderia estar mais desanimada quanto a minha vida profissional. Enquanto arrumava as malas para partir da Convenção dos Livreiros Cristãos, na Califórnia, eu chorava e me queixava a Deus.

— Eu desisto. Essa profissão de escritora é difícil demais. Ninguém gosta de minhas idéias. Se eu desistir agora, ninguém achará falta dos livros que pretendia escrever!

O projeto de meu livro atual havia circulado sem sucesso por várias editoras. Uma agente literária com quem acabara de me reunir disse:

— Ninguém quer esse livro, Cindy. Ninguém vai publicá-lo e ninguém vai comprá-lo.

Apesar disso, recusei-me a aceitar o menosprezo e o tom decisivo contidos em suas palavras. Eu me agarrava à idéia de que meu livro sobre experiências contadas por mulheres nascidas no período pós-guerra, prestes a completar 50 anos, representava uma forma positiva e necessária para incentivar minha geração da mesma faixa etária.

Em meio a soluços, recorri a Deus em oração. *Senhor, mostra-me o caminho que desejas para minha carreira de escritora. Estou disposta a abrir mão de tudo, mas gostaria de persistir. O que devo fazer? Tu estás no controle e submeto-me a tua vontade. Amém.*

Parecia que eu acabara de adormecer depois de tanto chorar quando o despertador tocou às 5 horas do dia seguinte para avisar-me que eu teria de pegar uma condução até o aeroporto. Ao chegar lá, passei pelo serviço de segurança em direção a meu portão de embarque, sentindo-me completamente fracassada.

Sentei-me na sala de espera em companhia de alguns autores de livros de ficção e começamos a conversar sobre a convenção. Logo uma senhora aproximou-se de nós e apresentou-se como editora de uma empresa publicadora de livros no Colorado. Estávamos todos ansiosos para retornar a nossos lares. Quando o alto-falante anunciou a partida de vários vôos, levantamo-nos para entrar em nossos respectivos portões de embarque.

Virei-me para Mary, a editora, e disse:

— Agora que a convenção terminou, faltou algum manuscrito que você esperava encontrar, mas não encontrou?

— A bem da verdade, sim — ela respondeu. — Meu chefe deseja publicar um livro sobre mulheres nascidas no período pós-guerra, prestes a completar 50 anos de idade.

De queixo caído, aproveitei os poucos segundos antes do embarque para falar de meu livro e perguntar se poderia enviar-lhe o manuscrito pelo correio.

— Claro! — Mary replicou.

Ao cruzar o país inteiro em meu longo vôo de volta para casa, senti o coração transbordar de esperança e confiança — esperança de que meu quinto livro fosse aceito e confiança renovada de que Deus continuava a guiar e coordenar meus passos no momento em que eu me aproximava da marca de meio século.

Neste ano, quatro milhões de pessoas completaram 50 anos, e fui uma delas. O que aprendi até agora? Que verdades continuarão a ser meu guia e sustento pelo resto da vida? Uma delas é que Deus está no controle e abrirá e fechará portas de acordo com sua vontade. Ele deseja que deixemos de tentar controlar nossa vida e avancemos com fé e obediência.

A propósito, meu livro foi publicado em conseqüência daquele encontro às 5h30 no aeroporto.

Eu amo o SENHOR, porque ele me ouviu quando lhe fiz a minha súplica. Ele inclinou os seus ouvidos para mim; eu o invocarei toda a minha vida.

Salmos 116.1,2

Segurando a mão de Deus no escuro

Thelma Wells

Dê o primeiro passo de fé. Não é necessário ver a escada inteira; basta subir o primeiro degrau.

Dr. Martin Luther King Jr.

Aos 7 anos de idade, eu sentia muito medo quando tinha de permanecer horas dentro de um armário estreito, escuro e embolorado. Contudo, naquelas horas longas e assustadoras em que minha avó malvada me confinava ali para "manter-me fora de seu caminho", eu tinha a companhia de meu Jesus. Cantava hinos que aprendera na igreja e, quando não sabia a letra, inventava e continuava a cantar: "*Cristo sente amor por mim! Com certeza, eu creio assim; por amor de mim morreu; vivo está por mim no céu [...]*".

Hoje falo a milhares de mulheres trancadas no armário do sofrimento, que lutam diariamente contra provações de todos os tipos. Sei disso porque já passei por experiência semelhante. De certa forma, *continuo* a passar porque, francamente, a vida sempre nos apresenta uma forma de sofrimento deste lado do céu.

Assim como uma mãe deseja consolar seus filhos, eu também desejo reunir todas essas mulheres sofridas que comparecem a minhas palestras, niná-las no colo e entoar cantigas sobre o amor de Deus para seus corações machucados — abraçá-las com palavras de conforto e esperança.

Às vezes, porém, minhas amigas, o amor verdadeiro precisa ser firme. Quase sempre, a atitude mais amorosa que posso tomar é olhar com firmeza para alguém que está atolado no desespero e dizer-lhe algumas palavras.

As palavras são estas: se você não tem a vida que sonhou, querida, é melhor aprender a amar a vida que tem.

Tudo tem início com uma postura de gratidão.

Mesmo quando a vida não é a que esperávamos, podemos concentrar-nos nas coisas *boas* e no que *podemos* fazer. Se podemos andar, falar, ver, cheirar, tocar e ter paladar, isso é suficiente para agradecer ao Senhor o dia inteiro.

Por mais enferma que você esteja, sempre existe algo para agradecer. Você continua a respirar, certo? Dê graças a Deus pela vida, mesmo em meio ao sofrimento. Enquanto estiver deitada de costas, ore e entoe hinos de louvor que ultrapassem o teto — até seu espírito atingir lugares que o corpo físico não é capaz de alcançar! (Quando os louvores sobem, as bênçãos descem.)

Você perdeu uma pessoa querida e está desorientada? Digo isto, minha amiga, com todo o amor: você não é a *primeira* nem será a *última* a atravessar o vale de pesar. É capaz de movimentar os braços e as pernas? É capaz de derramar lágrimas e enxugá-las e amar alguém que também esteja sofrendo? Dê graças ao Senhor pelo sofrimento, pela nova conscientização da fragilidade da vida e da importância que temos uns para os outros. Diga a alguém que você o ama. Sua missão na terra continua, *não chegou ao fim*.

Você perdeu o emprego? Não deve estar passando fome, a menos que viva em um país de extrema pobreza. Em nosso país, você pode preparar hambúrgueres, pode trabalhar. Aqui, nos Estados Unidos, quando você está em dificuldade, sempre pode ter um teto sobre sua cabeça, algo para comer e ajuda de igrejas, pessoas generosas, bibliotecas públicas e organizações assistenciais. Em geral, a ajuda está sempre à mão. Basta dar um telefonema. Faça uma oração de gratidão e convide Deus para participar da aventura de suprir as necessidades de sua família.

Alguém a traiu? Bem-vinda a essa experiência humana universal. Em algum momento, em algum lugar, todos nós já fomos traídos. Então? Enumere os amigos e amigas que *não* a traíram, apegue-se ao Deus que nunca a traiu nem a trairá e agradeça tudo o que é certo e belo em sua vida.

Pense em tudo o que é bom, bonito, virtuoso e verdadeiro. A partir daí, mesmo que os problemas persistam, você terá força suficiente para lidar com eles e superá-los. Abrace a vida! Sorria! Ilumine o mundo com um brilho no olhar e um sorriso nos lábios. Diga palavras de gratidão em voz alta: por sua família, por seu Deus, pelas cores brilhantes do pôr-do-sol de hoje, por um prato de biscoitos caseiros, quentes e crocantes. (Certa vez alguém me perguntou: "Qual é seu alimento preferido, Thelma?". Respondi imediatamente: "Qualquer coisa que não me prejudique". Consegui preencher um caderno com a lista de alimentos saudáveis que, pela graça de Deus, posso comer!)

Quando o mundo se tornar pesado demais e você se sentir exausta, recorra a ele como uma menina de 7 anos. (De uma forma ou outra, não somos todas meninas de 7 anos?) Depois entoe a mais simples de todas as canções: "*Cristo sente amor por mim!*".

Confie nisto, querida. Não existe armário tão escuro a ponto de impedir que a paz de Deus o atravesse e a ilumine lá dentro.

. . . .

Esta é a mensagem que dele ouvimos e transmitimos a vocês: Deus é luz; nele não há treva alguma.

1 João 1.5

O FATOR AMIZADE

Diana Pintar

. . . .

Uma irmã é, ao mesmo tempo, amiga e defensora.
É uma ouvinte, conspiradora, conselheira, alguém que compartilha alegrias. E tristezas também.

PAM BROWN

— Quem vai acompanhá-la ao hospital? — perguntou minha amiga Cindy.

— Vou fazer apenas um exame — respondi. — Não é nada importante.

Mas *era* importante. Na verdade, eu estava apavorada. Tinha um problema muito sério de deglutição. Não conseguia engolir os alimentos. Depois de vários episódios horríveis de sufocação, constatei que precisava agir.

O exame chamava-se videofluoroscopia, um raio X em vídeo para mostrar o que ocorre no momento da deglutição. Eu receava ficar sufocada ou ter de expelir alimentos não deglutidos (maneira educada de dizer "cuspir") durante o exame.

Quando estou estressada, sou semelhante ao Incrível Hulk. Como o dr. Bruce Banner, a figura humana de Hulk, costumava dizer: "Eu posso ficar zangado, e você não vai gostar de me ver zangado". Eu não queria que ninguém testemunhasse *isso*!

— Ficarei bem, Cindy — eu disse, tentando dar às palavras um tom de "assunto encerrado".

— Vou com você! — ela disse com firmeza.

— Está bem — concordei, percebendo que necessitava de uma boa amiga ao lado no momento daquela experiência desagradável.

Cindy entusiasmou-se. — Vamos fazer disso uma festa!

Uma festa! Somente Cindy poderia transformar uma videofluoroscopia em festa. Todas as mulheres necessitam de uma incentivadora como Cindy.

Ela começou a planejar nossa festa com uma preocupação básica.

— Que roupa você vai usar no exame?

— Uma camisola de hospital, creio — respondi, com um leve sorriso.

— Muito bem! — Depois de uma pausa, ela prosseguiu. — Vamos até a Victoria's Secret para encontrar uma roupa íntima bem bonita!

— Não acho boa idéia, Cindy — protestei.

— *Temos* de encontrar alguma coisa diferente para você! — ela contra-argumentou. Depois de parar um pouco para pensar, complementou: — Que tal uma coroa?

O susto deixou-me sem palavras. Eu me vi toda "elegante", desfilando pelo hospital com uma camisola aberta nas costas... e uma coroa na cabeça. Um sorriso brotou dentro de meu coração e aflorou ao rosto, apagando todos os vestígios de medo. Ri alto.

— Que loucura! — exclamei —, mas é exatamente de *loucura* que preciso neste momento, Cindy!

À medida que a data se aproximava, a notícia da "festa da videofluoroscospia" começou a correr de boca em boca. Sandee, outra amiga de meu círculo de irmãs cristãs, perguntou se poderia ir conosco. Beth, uma terceira amiga, enfeitou minha coroa com este versículo bíblico: "Tudo posso naquele que me fortalece" (Fp 4.13).

Chegou o grande dia. Enquanto aguardava minhas "motoristas", avistei dois balões de gás que sobraram de minha festa de aniversário, comemorado no início da semana.

— Já que vou usar uma coroa — decidi, pegando os balões —, minhas amigas deverão carregar estes dois balões!

Tão logo chegaram, minhas amigas presentearam-me com uma coroa de plástico, comprada em uma loja de quinquilharias, enfeitada na frente com pedras imitando brilhantes. Desfilamos pelo hospital, minha comitiva e eu, eu um passo adiante de minhas amigas. Com andar altivo, coroa no alto da cabeça, eu acenava para minha perplexa platéia, tentando imitar da melhor forma possível o porte de "Miss América". Cindy e Sandee, um pouco atrás de mim, carregavam os balões de gás.

— O que vocês estão comemorando? — perguntou alguém.

— A vida! — respondemos, tentando abafar o riso.

Vesti a camisola e guardei minhas roupas... sem tirar a coroa. Quando saí do vestiário, de camisola, com a coroa na cabeça e preparada para o exame, fui cumprimentada por minhas amigas sorridentes — ambas também estavam vestidas com camisolas do hospital.

A alegria é contagiante. Outras pacientes participaram da comemoração. A sala de espera transformou-se em local de risos e alegria.

Nossas "companheiras de festa" protestaram quando foram chamadas para fazer o exame! Cindy, Sandee e eu nos despedimos delas como se fôssemos velhas amigas.

— Adeus! Até logo! Deus a abençoe! — dissemos a cada uma que se dirigia para a sala de exames.

Chegou a minha vez.

— Diana Pintar! — chamou a técnica responsável pelo exame, aparecendo no corredor com uma ficha na mão.

— Sou eu!

Ela percorreu o olhar pela sala, leu em voz alta os dizeres em minha coroa: "Tudo posso naquele que me fortalece" e deu um sorriso — um largo sorriso.

Sou uma mulher de fé. Vi naquele sorriso que ela também era uma de minhas irmãs cristãs. Senti um grande alívio.

O exame começou. Fiquei em pé na pequenina sala de raio X. Cindy, Sandee e nossa nova amiga, a técnica, permaneceram dentro de uma cabine envidraçada do outro lado da sala.

— Vamos começar com o biscoito a sua direita — disse a técnica.

Ouvi as instruções por meio do alto-falante instalado no canto da sala.

A sensação de abandono voltou. O medo também. Com as mãos trêmulas, peguei o biscoito. Tentei engoli-lo. Não consegui. Lágrimas quentes inundaram-me os olhos e começaram a correr pelo rosto.

— Não está dando certo! — protestei.

— Diana — disse a técnica —, você se lembra do que está escrito em sua coroa? "Tudo posso naquele que me fortalece."

Vi Cindy, Sandee e a técnica através do vidro, todas sorrindo para mim. Cindy e Sandee acenavam e aplaudiam. A técnica em raio X fez-me um sinal de positivo com os polegares.

De repente deixei de preocupar-me com o exame. Foi um dia incrível, de muitas alegrias! Aquelas mulheres foram mais que amigas; foram minhas irmãs em Cristo. O apoio delas transformou uma experiência que poderia ter sido traumática em uma recordação muito agradável.

. . . .

É melhor ter companhia do que andar sozinho, porque
maior é a recompensa do trabalho de duas pessoas.
Se um cair, o amigo pode ajudá-lo a levantar-se. [...]
Um homem sozinho pode ser vencido, mas dois
conseguem defender-se. Um cordão de três dobras
não se rompe com facilidade.

ECLESIASTES 4.9-12

Quando eu tive tudo

Allison Shaw

A amizade aumenta a felicidade e diminui o infortúnio porque multiplica nossa alegria e divide nossa tristeza.

Cícero

Quando eu era menina, queria muito ter uma irmã e orava por isso, mas não tive. Minha mãe dizia que às vezes temos de adotar irmãs ao longo da vida. Assim foi. Deus tem me abençoado com relacionamentos que transcendem a amizade e transformam-se em laços de fraternidade em Cristo. Theresa faz parte dessa categoria.

Conheci Theresa depois que ela e Jeremy, seu marido, mudaram-se da Carolina do Sul para Sacramento. Eu também tinha vindo de outro lugar para a Califórnia, e imediatamente apegamo-nos uma à outra pelo fato de estar longe de nossa terra natal. Quando Theresa revelou sua luta para salvar o casamento, ofereci-me para orar com ela semanalmente. Imaginei estar sendo uma boa amiga. Ela necessitava de mim. Mal eu sabia, porém, que necessitaria muito mais dela.

Após algumas semanas de encontros às segundas-feiras para orarmos juntas, Michael, meu marido, e eu atravessamos uma crise espiritual. Estávamos com problemas financeiros, Michael torceu o tornozelo, nosso carro foi roubado e assaltaram nosso apartamento. Theresa orou de joelhos comigo em todo esse tempo. Em geral, os amigos permanecem a nosso lado quando estamos no auge, comemorando algo, mas Theresa foi minha amiga nos piores momentos.

Uma noite, enquanto passava alguns momentos silenciosos com o Senhor, li a história da amizade entre Davi e Jônatas, registrada em 1Samuel. Eu já conhecia a história, mas desta vez ela teve um novo sentido para mim. Ocorreu-me que Jônatas, por ser filho do rei Saul, *deveria* ter sido seu sucessor no reino de Israel. No entanto, mesmo quando Davi foi ungido rei e lhe foi prometido tudo o que seria de Jônatas por direito, Jônatas arriscou a vida por Davi. Foi um retrato vívido da amizade. Imaginei se eu seria tão altruísta em relação a uma amiga.

Quando contei a Theresa que estava esperando meu primeiro filho, ela ficou muito feliz! Havíamos orado durante semanas para engravidar na mesma época e compartilhar a alegria de ser mãe ao mesmo tempo. Theresa estava tentando engravidar, sem sucesso, havia mais de um ano e, mesmo assim, alegrou-se com minha gravidez, o que fez sua alegria ainda mais preciosa. Surpreendeu-me a maneira pela qual ela extravasou seu amor e euforia. Ao vê-la pular e gritar de alegria, entendi que Theresa era semelhante a Jônatas. Mesmo quando eu fui agraciada com tudo o que ela mais desejava, Theresa deixou de lado sua tristeza para compartilhar minha felicidade. Ela poderia ter sentido raiva, inveja ou ressentimento, mas foi altruísta — um exemplo vivo do amor de Cristo.

Algumas semanas depois, Michael e eu perdemos nosso precioso bebê, e foi Theresa quem se sentou a meu lado para ajudar-me a superar a tristeza. Trouxe flores, pãezinhos especiais, queijo cremoso e chá. Fez-me rir quando meu coração estava partido. Acima de tudo, amou-me com o amor de uma irmã em Cristo. Todas aquelas noites em que passamos ajoelhadas diante do trono de Deus, intercedendo uma pela outra e louvando o Pai por nossas alegrias, foram responsáveis por uma união que transcendeu a amizade.

Theresa diz que, antes de partir da Carolina do Sul, orou especificamente para encontrar uma amiga que fosse companheira de oração e irmã em Cristo. As orações de Theresa foram respondidas, e a abençoada fui eu.

O amigo ama em todos os momentos;
é um irmão na adversidade.

PROVÉRBIOS 17.17

Dádivas do coração

Patricia Lorenz

Em cada adulto existe uma criança escondida querendo brincar.
Friedrich Nietzche

Quando você tiver minha idade, depois de ultrapassar meio século de vida, não receberá muitos convites para chá-de-panela e casamento de suas amigas. De sobrinhas e sobrinhos, sim. De filhos de amigos, sim. Em minha faixa de idade, porém, o repicar de sinos na igreja não é muito freqüente, em especial entre aqueles ou aquelas que já se casaram uma ou duas vezes.

Portanto, quando minha amiga Diane e seu querido Jack, ambos mais velhos que eu, decidiram selar o amor e unir suas vidas, filhos, netos e a parafernália de três casas (a dela, a de sua mãe, falecida recentemente, e a dele), a alegria entre os amigos e parentes espalhou-se de um Estado a outro e atravessou oceanos.

Em um rápido momento de devaneio durante os preparativos para o casamento, Diane disse pensativamente:

— Espero que ninguém me traga presente. Não precisamos de mais nada. O subsolo de nossa casa está lotado até o teto de coisas de que não necessitamos e que, possivelmente, jamais vamos usar. Coisas bonitas. Bem, algumas são bonitas. Outras são...

bonitas para se jogar fora, mas de grande valor sentimental para ser oferecidas a estranhos. Também não estou disposta a promover outro bazar de caridade.

Diane continuou a fazer planos enquanto tagarelava.

— Não seria boa idéia dar um presente a cada convidado que comparecer, para que ele o leve para casa em vez de trazer um?

Dei um palpite. — Eu ficaria feliz se houvesse um chá-de-panela e, em vez de fazer aquelas brincadeiras bobas, pudéssemos embrulhar todos os seus objetos de estimação.

Diane quase chegou a gritar.

— Isso mesmo! Depois serão oferecidos aos convidados no dia do casamento! Vamos numerar cada presente e colocar os números correspondentes em cada mesa no salão de recepção.

Assim foram enviados convites para o chá-de-panela com o pedido de que, em lugar de utensílios de cozinha, as mulheres trouxessem papel de embrulho, fita adesiva e tesoura. O encontro realizou-se na sala de estar do subsolo da casa adquirida recentemente por Diane e Jack.

A primeira coisa que as participantes deveriam fazer seria escolher três ou quatro objetos de sua predileção entre as centenas que se encontravam no subsolo. A ordem era: pegar, pegar, pegar! Foi mais divertido que invadir a loja mais próxima para comprar mercadorias com 70% de desconto! À medida que escolhíamos os objetos, Diane pedia que os levássemos imediatamente a nossos carros. Dessa forma, eles não se misturariam com os outros que seriam oferecidos aos convidados no dia do casamento.

Escolhi uma bela travessa de madeira que necessitava apenas de um pouco de sumo de limão para remover manchas de água, um prato pequeno de cristal para doces e um palhaço de porcelana com rosto de chinês, para oferecer a minha neta.

De volta ao subsolo, depois de levar os tesouros para os respectivos carros, aquelas mulheres de meia-idade — eu inclusive — começaram a embrulhar os objetos restantes em meio a muitas risadas. Havia castiçais embrulhados com papel decorado com ursinhos. Molduras e vasilhas para ovos quentes embrulhados com papel-alumínio roxo. Vasos para decantar licor embrulhados com papel de presente de aniversário. Jóias e canecas embrulhadas com papel florido. Tudo foi embrulhado: utilidades domésticas, objetos de vidro, bandejas, livros, roupa de cama e mesa, prata e quinquilharias. Cem presentes ao todo.

— Suficientes para oferecer a todos os convidados — disse Diane —, e ainda vão sobrar alguns para dividir com os funcionários do bufê.

Enquanto embrulhávamos os objetos, comíamos, ríamos e contávamos como conhecemos Diane e como aquele casamento seria divertido, Jack permaneceu sentado no pavimento superior, imaginando o que seus amigos pensariam daquela idéia maluca de oferecer presentes de segunda mão no casamento.

Ao passar pela sala de TV onde Jack tentava não ouvir as risadas no pavimento inferior, eu disse:

— Jack, você não vai acreditar na quantidade de objetos que vamos passar adiante! Estamos embrulhando cem presentes!

— Eu só queria ter uma prateleira vazia no subsolo para colocar alguns objetos meus — ele resmungou.

— Jack, quando terminarmos, o subsolo ficará completamente vazio! Você vai ter espaço de sobra!

Na festa, algumas semanas depois, havia em cada mesa um poema escrito por Diane. Dois dos cinco versos diziam o seguinte:

> Nosso amor pela família e pelos amigos é grande demais.
> Existem muitas outras coisas que também amamos muito,

Mas há objetos de três casas de que precisamos abrir mão
E que oferecemos a vocês com todo carinho,
Para ficar com eles e usá-los — ou não.
Vocês podem guardá-los ou jogá-los fora,
Oferecê-los a seus herdeiros ou reciclá-los.
Em cada pacote há uma porção generosa de amor!

Foi assim que cada participante da cerimônia que uniu dois corações saiu da festa com um presente, uma lembrança especial da vida daqueles dois amigos. Se eu casar novamente, pode apostar que vou seguir a tradição de minha amiga Diane e fazer o mesmo. Penso que essa idéia deveria constar obrigatoriamente, e em negrito, nos manuais de etiqueta — principalmente para pessoas com mais de 40 anos que se casam pela segunda vez.

"Há maior felicidade em dar do que em receber."

Atos 20.35

Sobre Carol Kent, organizadora

Carol Kent é palestrante internacional muito conhecida por seu dinamismo, senso de humor, incentivo e conhecimento bíblico. Colaborou em programas de entrevistas no rádio e recebe convites para participar de vários outros programas de rádio e televisão. É presidente da organização Speak Up Speaker Services, composta de palestrantes cristãos, e fundadora e diretora dos seminários Speak Up With Confidence, um ministério cujo principal compromisso é ajudar pessoas cristãs a desenvolver seus talentos na área de comunicação. Fundou a Speak Up for Hope, uma entidade sem fins lucrativos que se destina a auxiliar famílias de prisioneiros. Carol faz parte da National Speakers Association e recebe convites, com mais de um ano de antecedência, para falar em conferências e retiros nos Estados Unidos e outros países.

Carol recebeu grau de mestrado em comunicação e é bacharel em expressão verbal. Escreveu vários livros, entre eles: *When I Lay My Isaac Down* [Quando sacrifico meu Isaque], *Becoming a Woman of Influence* [Tornando-se uma mulher de influência], *Mothers Have Angel Wings* [As mães possuem asas de anjo], *Secret Longings of the Heart* [Anseios secretos do coração], *Tame Your Fears* [Domine seus medos], *Speak Up With Confidence* [Fale com confiança] e *Detours, Tow Trucks, and Angels in Disguise* [Desvios, caminhões de reboque e anjos disfarçados]. Em parceria com Karen Lee-Thorp, escreveu *My Soul's Journey* [A jornada de minha alma] e *Designed for Influence Bible Studies* [Elaborado para influenciar estudos bíblicos]. Carol já foi capa da *Today's Christian Woman* e tem artigos publicados em muitas outras revistas.

Sobre Thelma Wells

Com otimismo, entusiasmo e alegria, Thelma Wells, escritora, palestrante internacional e empresária, transmite incentivo e a certeza da intervenção e direção de Deus em nossa vida. Dá palestras na organização Women of Faith e é presidente dos ministérios A Woman of God e Daughters of Zion Leadership Mentoring Program, em Dallas. Leciona na Master's Divinity School, em Evansville, em Indiana. Estes são alguns de seus livros: *The Buzz, Bumblebees Fly Anyway* [O zumbido: apesar de tudo, os zangões voam]; *God Will Make A Way* [Deus preparará um caminho]; *What's Going On Lord?* [O que está acontecendo, Senhor?] e *Girl, Have I Got News for You!* [Menina, tenho boas notícias para você!].

Thelma, uma mulher afro-americana, colaborou grandemente para unir pessoas de diversas raças nas conferências da Women of Faith. Ao longo de seu ministério a milhares de mulheres, Thelma acredita que conseguiu realizar um sonho que Deus colocou em seu coração e o desejo ardente de compartilhar o amor do Pai com mulheres de todas as classes sociais.

Thelma não hesita em afirmar que existem mais de 37 mil promessas na Bíblia. Está sempre disposta a contar como Cristo cumpriu suas promessas em sua vida e não titubeia em invocar seu nome em oração para pedir que ele as continue cumprindo. Quer seja por meio de seu espírito irreprimível a ponto de romper as barreiras da oração ("Será que devo continuar a te pedir isto, Senhor?"), quer seja por meio de um comentário interessante sobre um membro da família, a paixão autêntica de Thelma pelo Senhor e a fé em seu amor estão sempre presentes.

Colaboradoras

Allison L. Shaw é escritora free lance e editora em Sacramento, na Califórnia. É apaixonada por literatura infantil, por sua carreira de bibliotecária e por seu marido, Michael. Seus artigos foram publicados em *Sacramento Bee*, em várias antologias e em páginas da Internet do mundo inteiro.

Anne Denmark gosta muito de pôr em prática seu dom espiritual de incentivar pessoas. Recebeu grau de mestrado em educação de adultos e é bacharel em desenvolvimento de crianças, que inclui ensinamentos sobre desenhos florais e brincadeiras de palhaços. É instrutora nos seminários Speak Up With Confidence, e suas histórias foram publicadas em *Mothers Have Angel Wings* e *Tame Your Fears*. Em companhia de Don, seu marido, ela treina líderes para trabalhar junto a casais jovens.

Bonnie Afman Emmorey é palestrante e consultora da organização Speak Up Speaker Services. Leciona técnicas de comunicação nos seminários Speak Up With Confidence e colabora no projeto Speak Up for Hope.

Cathy Gallagher foi vendedora, gerente de marketing, diretora do serviço de atendimento ao cliente, assistente de reitor e dirige um negócio próprio sobre palestras e redação. Escreveu numerosos artigos sobre negócios e um livro sobre comunicação na empresa, usando pseudônimo. Cathy trabalha ativamente no ministério de oração e no ministério a prisioneiros, ambos conduzidos por sua igreja. Dá palestras e escreve a respeito de vários assuntos.

Charlotte Adelsperger é autora e palestrante. Escreve para numerosas publicações, entre elas *Focus on the Family*, *Clubhouse*, *Woman's World*, *Stories for the Heart* e *Chicken Soup for the Soul*.

Charlotte dá palestras em eventos para mulheres e em convenções de escritores.

Cheryl Gochnauer é fundadora da organização Homebodies (www.homebodies.org), um ministério que trabalha on-line e por meio da palavra impressa, destinado a mães e futuras mães. É autora de *Stay-at-Home Handbook: Advice on Parenting, Finances, Career, Surviving Each Day & Much More* [Manual para donas de casa: conselhos sobre criação de filhos, finanças, carreira, como sobreviver diariamente e muito mais].

Cynthia Reynolds trabalhou como missionária na Europa com seu marido e três filhos. Foi editora de um boletim para mulheres missionárias e atualmente escreve "Bequest of Wings", um boletim de crítica literária. Dá palestras a famílias de missionários e incentiva a criatividade como forma de adoração. Cynthia gosta de ler, escrever e de tudo o que é criativo. Mora em Madison, em Wisconsin.

Danika Protzman leciona há doze anos em escolas dos Estados Unidos e de outros países. Atualmente dá aulas em casa a seus três filhos. Danika procura incentivar outras pessoas a crescer espiritualmente por meio de palestras, devocionais e orações.

Debi Stack dá palestras para grupos femininos e no rádio, sobre estresse, perfeccionismo e excesso de compromissos. É autora de *Martha to the Max: Balanced Living for Perfectionists* [Marta ao máximo: vida equilibrada para perfeccionistas].

Deborah P. Brunt escreve uma coluna semanal para vários jornais e numerosos sites; também a distribui por e-mail. Escreveu três livros e colaborou em vários outros. É especialista em missões e ministérios para as mulheres batistas de Oklahoma.

Diana Pintar é presidente da organização Next Step Ministries Inc. e viaja pelos Estados Unidos para falar em convenções e retiros de mulheres. Diana é palestrante e colaboradora dos seminários Speak Up With Confidence.

Edna Ellison, conhecida como "guru e mentora de cristãos", é co-autora de *Woman to Woman: Preparing Yourself to Mentor* [De mulher para mulher: preparando-se para ser mentora] e *Seeking Wisdom: Preparing Yourself to BE Mentored* [Buscando sabedoria: preparando-se para submeter-se a um mentor], ambos escritos em parceria com Tricia Scribner. Edna é palestrante e atrai a atenção de muitas pessoas por ser brincalhona e contadora de histórias. Escreveu também uma série de livros de estudos bíblicos: *Friend to Friend* [De amiga para amiga], *Friendships of Faith* [Amizades de fé] e *Friendships of Purpose* [Amizades significativas].

Eva Marie Everson escreveu vários livros, entre eles *Shadow of Dreams* [Sombra de sonhos], *Summon the Shadows* [Convoque as sombras] e *Shadows of Light* [Sombras de luz], e também os artigos *The Pot Luck Club* [Clube da comida caseira] e *What Your Kids Won't Tell You* [O que seus filhos não lhe contam], distribuídos para publicação em 2005. Eva Marie dá palestras por todo o país, em convenções de escritores e retiros femininos. Cursou seminário e recebeu diploma recentemente.

Ginger Garrett. Como autora e palestrante, ela tem usado seu talento para incentivar mulheres desde 1995. Entre outros livros, escreveu *Moments for Couples Who Long for Children* [Momentos para casais que desejam ardentemente ter filhos] e *Lose It for Life: Teens* [Liberte-os para a vida: adolescentes] em parceria com Stephen Arterburn.

Ginger Shaw é instrutora de comunicação nos seminários Speak Up With Confidence. É autora de peças teatrais e atriz, e aparece com freqüência em *Turning Point* com o Dr. David Jeremiah.

Gracie Malone é palestrante e autora de *Off My Rocker: Grandparenting Ain't What It Used to Be* [Distante do berço de balanço: as avós não são mais as mesmas] e *Still Making Waves: Creating a Splash in Midlife and Beyond* [Continuando a provocar ondas: causando sensação na meia-idade e mais adiante]. O primeiro livro de

Gracie, *Courage for the Chicken-Hearted* [Coragem para os covardes], escrito em parceria com quatro amigas, transformou-se rapidamente em best seller.

Jeanne Doyon é escritora free lance e palestrante. Ela incentiva as mulheres a crescer em Cristo e reconhecer as impressões digitais dele em sua vida. É redatora do *The Stream's Edge*, um boletim devocional bimestral, e organiza minirretiros para garotas colegiais.

Jeanne Zornes dá palestras em convenções e retiros para mulheres. Escreveu centenas de artigos e sete livros, entre eles *When I Prayed for Patience... God Let Me Have It!* [Quando orei pedindo paciência... Deus me ouviu!]. Ela mora no Estado de Washington.

Jennie Afman Dimkoff é presidente da organização Storyline Ministries Inc. e autora de *Night Whispers: Bedtime Bible Stories for Women* [Sussurros noturnos: histórias da Bíblia para mulheres lerem na hora de dormir] e *More Night Whispers: Bedtime Bible Stories for Women* [Mais sussurros noturnos: histórias da Bíblia para mulheres lerem na hora de dormir]. Também é palestrante/instrutora nos seminários Speak Up With Confidence.

Judy Hampton é palestrante internacional de convenções para mulheres e autora do livro *Under the Circumstances* [Sob as circunstâncias].

Karen Coy é a produtora responsável pelo programa de televisão *Aspiring Women*, transmitido ao país inteiro. Atualmente assumiu uma nova função da qual gosta muito: a de esposa e madrasta de dois adolescentes. Karen participa da equipe de louvor de sua igreja. Também canta e dá palestras nos eventos do ministério Spiritual Spa.

Laurie Winslow Sargent é autora de *The Power of Parent-Child Play* [O poder do jogo entre pais e filhos] e *Delight in Your Child's Design* [Alegre-se com os objetivos de seu filho]. Escreve para dezenas de revistas, inclusive *Parenting, Today's Christian Woman* e *Writer's Digest*; é presidente do conselho de relações públicas da

Northwest Christian Writers Association e dá palestras com freqüência para grupos de pais e escritores.

Lucinda Secrest McDowell, diplomada pelo Gordon-Conwell Seminary, é palestrante internacional e autora de *What We've Learned So Far* [O que aprendemos até agora], *Amazed by Grace* [Maravilhada diante da graça], *Quilts from Heaven* [Mantas do céu], *A Southern-Style Christmas* [Natal à moda sulina] e *Women's Spiritual Passages* [Passagens espirituais das mulheres]. Lucinda gosta muito de fazer apresentações inovadoras por meio de seu ministério Encouraging Words that Transform!.

Lynn D. Morrissey é autora de *Love Letters to God: Deeper Intimacy through Written Prayer* [Cartas de amor a Deus: comunhão mais íntima por meio da oração escrita] e das devocionais *Seasons of a Woman's Heart* [Fases do coração de uma mulher] e *Treasures of a Woman's Heart* [Tesouros do coração de uma mulher]. Colaborou também em numerosos best sellers. É membro da equipe de CLASS e dá palestras na Advanced Writers and Speakers Association, principalmente sobre registros de oração em diários e tópicos de interesse feminino.

Margaret K. Becker é funcionária do Skyline Writers Club e líder do Christian Writer's Group of Greater Cleveland, em Ohio. Publicou artigos na revista *Decision* e escreve a coluna "Gleanings" para o periódico de sua igreja, *The Beacon*. Tem três filhos adultos, oito netos e seis bisnetos.

Melissa S. Sutter mora em Grant, em Michigan, com o marido e dois filhos. Diplomou-se pela Central Michigan University e lecionou em colégios por onze anos. É diretora da Grant Christian School e dirige o programa de estudos bíblicos intitulado Coffee Break, de uma igreja nas proximidades de sua casa. Colabora na liderança da equipe do Caring Ministry e lidera a equipe do Women's Ministry na Bailey Christian Church. Melissa escreve histórias curtas, peças satíricas e sugestões de organização para o programa Coffee Break.

Patricia Lorenz escreve sobre a arte de viver, dá palestras e é autora de cinco livros. Estes são os mais recentes: *Life's Too Short to Fold Your Underwear* [A vida é tão curta que não dá tempo de dobrar as roupas íntimas], *Grab the Extinguisher, My Birthday Cake's on Fire* [Pegue o extintor de incêndio, meu bolo de aniversário está pegando fogo] e *Great American Outhouse Stories* [Histórias de edículas de americanos famosos]. É uma das maiores colaboradoras da série de livros *Chicken Soup for the Soul* [Canja para a alma] e autora de mais de 400 artigos e histórias. Escreveu a título de colaboração para 15 livros da coleção *Daily Guideposts* e recebeu prêmio como colunista de jornal.

Pauline Afman é mãe de Carol Kent. Tem mais quatro filhas e um filho. Seu domínio na arte de contar histórias tem sido uma bênção para distrair e incentivar sua família e outras platéias durante grande parte de sua vida. Pauline mora em Fremont, em Michigan.

Penny Williams é psicóloga e palestrante. É também presidente dos centros de aconselhamento intitulados Center for Positive Living, em Lansing e em Jackson, em Michigan. Em sua profissão de psicóloga, ela se baseia na Bíblia para aconselhar crianças, casais, famílias e adultos.

Rachel St. John-Gilbert é autora de *Wake Up Laughing: Offbeat Devotions for the Unconventional Woman* [Acorde rindo: devocionais inusitadas para a mulher informal]. É casada com Scott e mãe de Trevor, Tori e Whitney. Adora responder e-mails de leitores, tarefa esta interrompida várias vezes para apaziguar uma briga entre os filhos por causa de brinquedos e para preparar sanduíches de pasta de amendoim e geléia.

Sandi Banks. Seu livro *Anchors of Hope: Finding Peace Amidst the Storms of Life* [Âncoras de esperança: encontrando paz em meio às tempestades da vida] transmite esperança a todos os que sofrem. Suas palestras animam o coração, despertam o riso e refrigeram o espírito. Sandi é diretora da organização Adult Worldview Conferences for Summit Ministries e participou da diretoria da ACTS International.

Shari Minke interpreta personagens humorísticas, tais como "Norma Lee Crotchety", uma esposa de pastor de 80 anos e mal-humorada; "Selma Kidds", uma mãe grávida do 14.º filho; e "Liza Little", uma menina precoce de 5 anos. Suas apresentações bíblicas e palestras inspiradoras são tão cativantes quanto seu senso de humor.

Vicki Tiede é esposa, mãe, professora e palestrante com grande poder de motivação.

Conheça outras obras da Editora Vida

Caminhada com propósitos para mulheres

Katie Brazelton

Uma obra inspiradora que mostra de que forma as tarefas rotineiras, os anseios e as experiências de cada mulher contribuem para seu crescimento espiritual. Repleto de instruções práticas e histórias reais de mulheres que tiveram sua vida transformada pela aplicação dos princípios bíblicos, *Caminhada com propósitos para mulheres* revela uma emocionante jornada rumo a tornar-se a mulher que Deus deseja!

A paz que excede todo o entendimento

Kathleen Littleton

Uma história verídica, com um desfecho surpreendente. O testemunho de uma mulher que encontrou na paz que excede todo o entendimento a cura de todos os traumas e feridas. A história de Kathleen nos ensina que por meio da graça de Deus sempre é tempo de superar problemas, desiluções e aparentes derrotas.

De volta para casa

Vera Vilaça

Com graça e doses generosas de bom-humor, a autora apresenta dicas preciosas para mulheres que desejam descomplicar a execução das tarefas do dia-a-dia. *De volta para casa* é destinado à mulher moderna e inteligente, à executiva e a dona de casa, às mamães e avós que não querem parar no tempo. Um delicioso convite ao aprendizado e à diversão.

Esta obra foi composta em *Goudy Old Style* e impressa
por Imprensa da Fé sobre papel *Chamois Fine* 67 g/m² para
Editora Vida em novembro de 2006.